Solarberg Séhel

BESSER KRAUL-SCHWIMMEN

COPRESS

Erstmals erschienen 2013 unter dem Titel
„Le Guide Du Crawl Moderne“ bei Thierry Souccar Editions

Leitung Lektorat: Elvire Sieprawski
Layout und Satz: Catherine Julia (Montfrin)
Illustrationen: © Elise Gilles (Paris, http://elisegilles.wordpress.com/)
Infografik: © Idée Graphic (Toulouse)
Umschlagfoto: © Miguel Salmeron/gettyimages
Fotos im Innenteil: © Shutterstock

3., durchgesehene Auflage 2024

Copress Verlag in der
Stiebner Verlag GmbH
Lothstraße 4
80335 München
www.copress.de

Übersetzung aus dem Französischen: Torsten Walter
Redaktion: Niehaus & Stirl, Berlin
Satz: Dirk Brauns, Berlin
Umschlaggestaltung: Pierre Sick

Bibliografische Information der Deutschen Nationalbibliothek
Die Deutsche Nationalbibliothek verzeichnet diese Publikation in der Deutschen Nationalbibliografie; detaillierte bibliografische Daten sind im Internet über http://dnb.dnb.de abrufbar.

ISBN 978-3-7679-1201-4

Druck: Central Dabas printing house, Ungarn

Dieser Titel ist auch als E-Book erhältlich (ISBN 978-3-7679-2036-1)

Für meine Frau, meine beiden Kinder –
und meinen Vater, der mir beigebracht hat,
wie wichtig es ist, Sport zu treiben.

INHALT

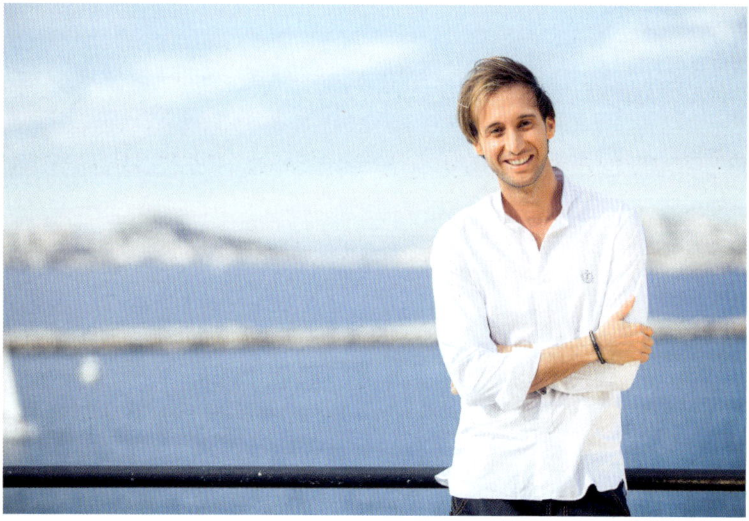

VORWORT

Bücher, die ins Detail gehen, sind etwas Wunderbares, und das vorliegende Buch konzentriert sich voll und ganz auf Details. Darin liegt sein großer Gewinn. Ganz gleich, ob man auf die Weltspitze zielt oder zum Vergnügen schwimmt: Es sind die Details, die den Unterschied machen.

Die besten Schwimmer der Welt erreichen ihre Leistungen durch physiologische Eigenschaften. Das ist zumindest einmal ein Ausgangspunkt. Bei mir zum Beispiel war das als Kurzstreckler meine Schnelligkeit. Doch sobald man diese Eigenschaften entdeckt hat, die einem von Geburt an gegeben sind, muss man sie mit den geeigneten Trainingsmethoden verbinden. Und die Recherche nach den Details, die einen Schwimmer weiterbringen, nimmt nie ein Ende!

Meine beste 100-m-Zeit erreichte ich mit 29 Jahren – das war im Sommer 2013 in Barcelona.[1] Aber Jahr für Jahr entdecken wir neue Methoden, um uns zu verbessern. Bei Licht betrachtet, ist eine Karriere wohl einfach zu kurz, um die eigenen Möglichkeiten wirklich zu hundert Prozent auszuschöpfen. Ich würde sagen, dass ich physiologisch durchaus bestimmte Niveaus erreicht habe, doch unter Berücksichtigung bestimmter technischer Details hätte ich noch schneller schwimmen können. Dazu zwei Beispiele.

Heute[2] konzentriere ich mich auf die Achse zwischen Hand und Schulter, denn gegen Ende des Rennens ermüdet man und neigt zum „Überkreuzen“. Man muss sich allerdings ziemlich anstrengen, um die Hand in gerader Linie über bzw. vor der Schulter zu halten und einen möglichst geraden Zug durchzuziehen, wie es der Verfasser dieses Buches sehr gut erklärt. Das zweite Beispiel: Als Sprinter muss ich einen möglichst explosiven

Zug unter Wasser anstreben sowie eine möglichst entspannte Bewegung über Wasser. Auch das ist ein Punkt, der in diesem Buch sehr deutlich hervorgehoben wird. Vor allem durch die detailreiche Analyse erweist es sich als äußerst nützlich, sowohl für erfahrene Schwimmer wie für Anfänger.

Das Wasser ist die einzige Umgebung auf der Erde, in der man sich schwerelos bewegen kann, und beim Schwimmen bekommt man keine Schläge auf den Körper (höchstens in übertragenem Sinne). Wenn man seine Atmung erfolgreich unter Kontrolle gebracht und sein Gleichgewicht im Wasser gefunden und gezähmt hat, erreicht man die Komfortzone des Gleitens. Ab diesem Moment kann man länger schwimmen und seine Zeiten verbessern. Ganz gleich, mit welchen Schwimmern ich spreche, ganz gleich, welche Leistungsklasse, alle haben dieses Gefühl. Das große Verdienst des Buchs von Solarberg Séhel ist es, uns dieses Glücksgefühl zu verschaffen, egal ob über 200 Meter, 500 Meter oder 2500 Meter.

Fabien Gilot
Olympiamedaillengewinner über 4 x 100 m Freistil (London 2012)
Doppelweltmeister über 4 x 100 m Freistil und 4 x 100 m Lagen (Barcelona 2013)

1 Am 28. Juli 2013 holte Fabien Gilot zusammen mit Yannick Agnel, Florent Manaudou und Jérémy Stravius in Barcelona vor den USA und Russland den Weltmeistertitel in der 4 × 100-m-Staffel. Fabien Gilot hatte die schnellste Einzelzeit aller Teilnehmer in 46,90 s, was Frankreich innerhalb des Rennens, das ungünstig begonnen hatte, wieder an die Spitzengruppe des Feldes heranführte; Schlussschwimmer war dann ein brillanter Jérémy Stravius.

2 7. November 2013.

STIMMEN ZUM BUCH

Dieses Kraulbuch ist aus dem Blog „Spaß am Schwimmen“ hervorgegangen und analysiert vollständig und sehr methodisch den Kraulstil. Dabei finden alle Aspekte der Technik Beachtung: die horizontale Wasserlage, der Unterarmeinsatz, die Atmung, der Beinschlag etc. Weiter geht der Autor sehr genau auf die unterschiedlichen Kraularten, das verwendete Material und verschiedene Trainingsvorschläge ein.

Es handelt sich um eine ziemlich einzigartige Arbeit mit einem sehr viel detaillierteren Ansatz als in anderen Schwimmbüchern. Die Schwimmer, die es zur Hand nehmen, können sicher sein, verschiedene Methoden zur Verbesserung aufgezeigt und immer wieder neue Ideen zum Realisieren zu bekommen.

Alles (oder fast alles), was Sie jemals über das Kraulen wissen wollten! Das Buch richtet sich vor allem an Menschen, die schon schwimmen können und nun ihre Kraultechnik perfektionieren, mehr Spaß im Wasser haben und ihre körperliche Kondition durch das Schwimmen weiterentwickeln wollen.

Der Autor, selbst begeisterter Schwimmer, übersetzt seine Kenntnisse und seine Lust am Schwimmen in eine einfache und lehrreiche Sprache – praktische Übungen, Ideenaustausch, Studien und einige weiterführende Gedanken steigern den Wert des Buches zusätzlich.

Matthieu Chadeville
Inhaber der Website www.natationpourtous.com und
Autor des Schwimmbuchs *Méthode d'entraînement pour tous*
(Trainingsmethoden für alle, erschienen bei Editions Amphora)

Ein sehr detailliertes Werk über das Schwimmen für alle, die schon schwimmen können. Der Autor zerlegt das Schwimmen, die Rolle jedes Körperteils, die Synchronisierung aller Bewegungen, die häufigsten Fehler und wie man sie mit Übungen herausfinden und korrigieren kann. Das Buch bietet Ratschläge und Ideen im Überfluss.

www.nageurs.com

VORAB

Mit meinem Blog leplaisirdenager.blogspot.com, den ich 2009 gegründet habe, versuche ich den Lesern genau die Art von Information zu bieten, die ich selbst gern zur Verfügung gehabt hätte, als ich mit dem Kraulen begann.

Damals, also vor mehr als 25 Jahren, fand ich in den Büchern keine zufriedenstellenden Antworten auf meine Fragen zur Kraultechnik, und Internet und youtube gab es noch nicht. Der Zugang zu Schwimmvideos, insbesondere in Zeitlupe und mit Unterwasseransichten, war sehr begrenzt, und ich musste alle Mängel an meinem Stil selbst erkennen und bekämpfen, um ordentlich kraulen zu können und Spaß am Schwimmen zu finden.

Seit diesen Zeiten hat sich die Informationsbeschaffung enorm vereinfacht. Mit modernen Online-Videos kann man heutzutage die Technik der Spitzenschwimmer ganz leicht analysieren – wenn man weiß, wie sie zu deuten sind. Denn durch eine Fehlinterpretation der Bilder kann man Fehler noch verschlimmern statt sie zu korrigieren.

Nichts und niemand wird jemals einen guten Trainer ersetzen können, der die Schwimmtechnik seiner Schützlinge perfekt kennt. Leider hat nicht die ganze Welt solche Spitzentrainer, viele passionierte Amateure müssen sich mit normalen Schwimmbadzeiten ohne technische Aufsicht begnügen. Besonders für diese Schwimmer ist dieses Buch (und mein Blog) gedacht. Ob Sie nun schon lange oder erst kurz schwimmen, als Triathlonprofi oder Amateur, als Exschwimmer, der sich dem Sport wieder zuwenden und seinen Stil aktualisieren will – oder einfach regelmäßig dem Spaß im Wasser mit mehr Leichtigkeit frönen wollen –, für Sie habe ich dieses Buch geschrieben!

WARUM AUSGERECHNET KRAUL?

Ich habe dieses Kompendium aus mehreren Gründen dem Thema Kraulschwimmen gewidmet:

• Bei Kraulschwimmen handelt es sich immer um eine technische Schwimmart, egal welches Niveau man anlegt. Während man Brust- und Rückenschwimmen bereits ohne große Technik praktizieren kann, erfordert das Kraulen schon sehr früh die Beherrschung zahlreicher Parameter. Nicht umsonst können kaum neun von zehn Franzosen 100 Meter hintereinander kraulen (ich glaube, dass diese Statistik angesichts der Öffnungszeiten der öffentlichen Bäder noch optimistisch ist).

• Kraulen ist die Königsdisziplin beim Schwimmen, was von dem sehr vorteilhaften Kraft-Leistungs-Verhältnis, Effektivität und Effizienz herrührt; zudem ist es der schnellste aller Schwimmstile, weshalb es auch im Triathlon überwiegend zum Einsatz kommt.

Aus persönlichen praktischen wie auch analytischen Gründen ist es meine Lieblingsdisziplin. Kraulen erfordert ein großes Maß an Arbeit in Sachen Reflexion und Analyse, das alle anderen Stilarten übersteigt; außerdem ein großes Maß an technischer Körperbeherrschung – das ist umso wahrer, je später im Leben man sich dem Kraulen widmet. Bei Beobachtungen in öffentlichen Schwimmbädern außerhalb der Trainings- und Vereinszeiten fällt auf, wie wenig die Schwimmer die fundamentalen Körperbewegungen und -haltungen des korrekten Kraulens beherrschen. Diese fehlenden Kenntnisse zu vermitteln, ist eine Herausforderung, die ich mir mit dem vorliegenden Buch zur Aufgabe gemacht habe.

Besser Kraulschwimmen richtet sich an alle Schwimmer, die ihre Technik verbessern wollen. Das geht weit über die bloße Beschreibung der Bewegungen hinaus, wie man sie in den meisten Schwimmlehrbüchern findet, die ich kenne. Das Buch geleitet den Leser durch die Bewegungsbeschreibung, versucht ein Körpergefühl für diese Bewegungen zu vermitteln, bespricht Fehler wie nötige Korrekturen und vergleicht in detaillierter Analyse die verschiedenen Ausprägungen des Kraulens. Darüber hinaus bietet es zahlreiche Illustrationen, um das Begreifen und Verinnerlichen des geschriebenen Wortes zu erleichtern, also das Wie und Warum jedes Aspekts beim Kraulen.

MEIN WEG ZU „BESSER KRAULSCHWIMMEN“

Ich habe Schwimmsport und Triathlon viele Jahre lang auf Amateurniveau betrieben und hatte das Glück, dass mir das Schwimmen sehr leicht fiel. Als man mich bat zu erklären, was für gutes Kraulschwimmen nötig sei, entschied ich mich für die Annahme der

Herausforderung, auch weil es bisher kein einziges französischsprachiges Werk gab, das diese Frage ernsthaft und vollständig beantwortet hätte.

Also verbrachte ich mehrere Jahre mit der Lektüre der Referenzwerke zu diesem Thema und mit der Analyse der entsprechenden Videos; ich führte viele erhellende Gespräche mit anderen Schwimmern und Trainern und ermittelte im „Selbstversuch" auch die geringsten Details dieser Schwimmart. Aufgrund all dessen gründete ich meinen Blog, und das Feedback meiner ersten Leser, darunter auch Trainer, bestätigte mich in der Auffassung, dass meine Erläuterungen von Nutzen waren. Durch meine Ratschläge konnten zahlreiche Schwimmer ihre Kraulleistungen verbessern und hatten mehr Spaß am Schwimmen.

Meine Entscheidung ermöglichte mir außerdem, meine eigenen mehr oder weniger schwerwiegenden Defizite zu erkennen, die ich vorher trotz jahrelanger Ausübung des Sports nicht bemerkt hatte. Darüber hinaus entdeckte ich noch andere Kraulstile, die ich im Verein nie gelernt hatte.

Ich erinnere mich noch oft – zugegebenermaßen ohne große Wehmut – an die zahllosen Bahnen, die ich im Alter von sechs oder sieben Jahren in den Sommerferien frühmorgens im kalten Wasser wie eine Presswurst in meinem engen Badeanzug im Becken ziehen musste, immer eine paar verzweifelte Zentimeter hinter der Haltestange des Cheftrainers. Niemals hätte ich gedacht oder geahnt, dass Kraulen eines Tages zum Quell solcher Freude und Befriedigung für mich werden würde.

Ich wünsche allen Lesern dieselbe Fülle an positiven Emotionen – so früh und so lange wie möglich!

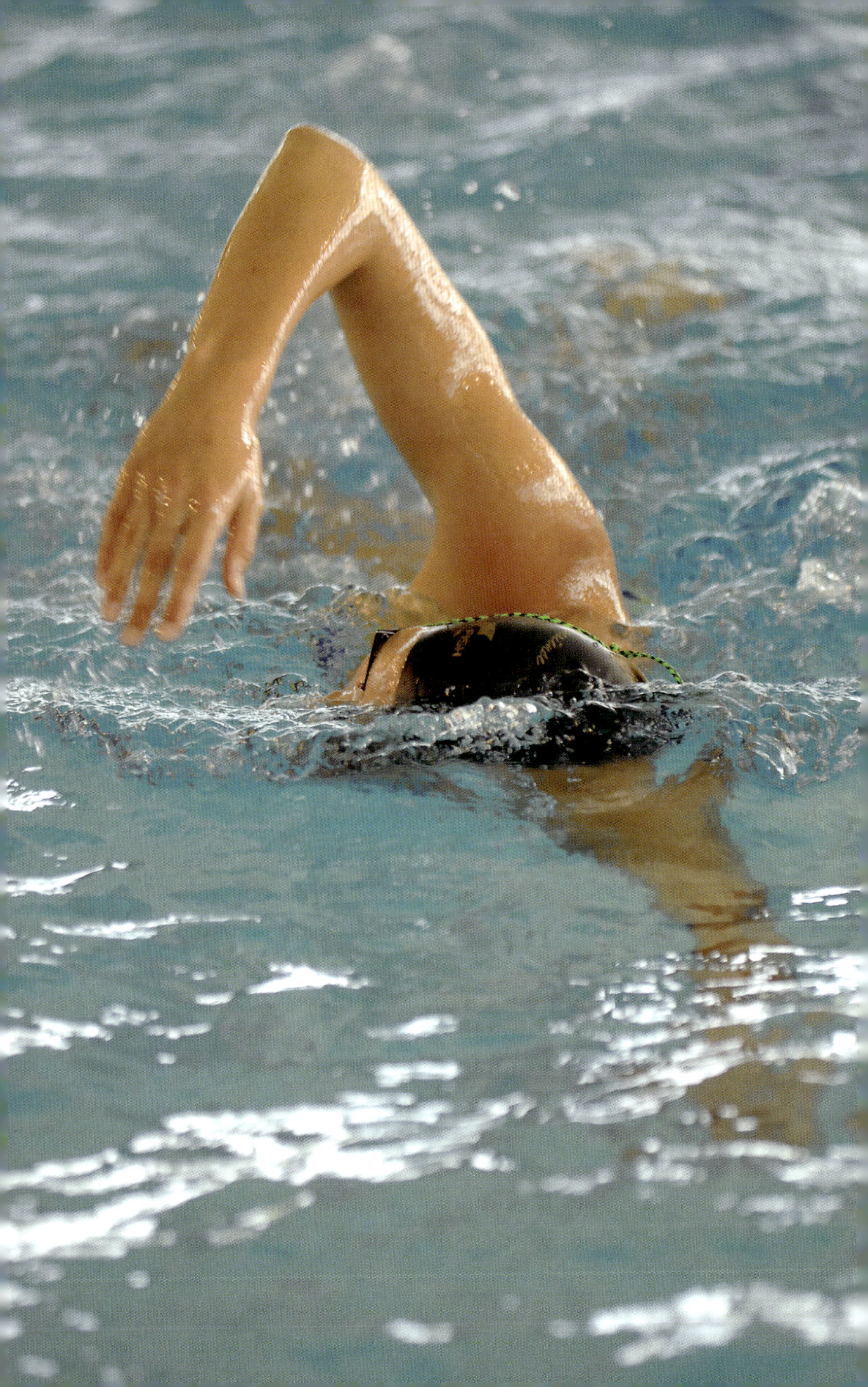

EINLEITUNG

Gut Kraulschwimmen zu wollen, ist tatsächlich eine besondere Herausforderung! Es erfordert viel aufopferungsvolle Arbeit, denn der Schwimmer muss eine effiziente Kombination hochtechnischer Bewegungen absolvieren und dies in einer Umgebung, die nicht unser vertrautes Element ist.

Im Laufe der Jahre ist aus dem modernen Kraulschwimmen ein hochentwickelter Wettkampfsport geworden, in dem sich gleich mehrere Stile ausgeprägt haben.

Dieser Ratgeber hat es sich zum Ziel gesetzt, einerseits die Grundlagen des Sports zu erklären, aber vor allem darüber hinauszugehen und diese Schwimmart durch Begreifen und Beherrschen der verschiedenen Stile zu perfektionieren.

Ein fundamentaler Vorteil für Fortschritte in dieser Richtung ist es, quasi Autodidakt zu sein - weil es einem erlaubt, das Selbstentdeckte und den Grund dafür zu begreifen. Ohne diese Einsichten würden Ihre Fortschritte verlangsamt oder ganz gestoppt. Ich glaube nicht, dass man, wie gemeinhin angenommen, für gute Schwimmergebnisse - insbesondere beim Kraulen - schon im Kindesalter ein überragender Schwimmer gewesen sein muss (Fabien Gilot begann seine Schwimmkarriere ernsthaft erst mit 16 Jahren!). Mein Ehrgeiz ist es, dem Leser mit diesem Leitfaden eine Synthese der aktuellen Kenntnisse zum modernen Kraulen in einfacher, synoptischer und pädagogisch überzeugender Form zu präsentieren.

Das Buch wird Ihre Sicht auf das Kraulen mit Gewissheit nachhaltig verändern. Es wird Ihnen neue Horizonte und Empfindungen eröffnen. Ich könnte wetten, dass Sie nach der Lektüre anders schwimmen werden als zuvor und auch Wettkämpfe wie etwa Weltmeisterschaften mit anderen Augen sehen werden. Dann hätte ich mein Ziel erreicht.

Eine der Faszinationen des Kraulsports ist das weite Feld an Verbesserungsmöglichkeiten, um den Spaß am Schwimmen zu steigern und es bis ins fortgeschrittene Alter als Kraftquelle für ein gesundes langes Leben zu nutzen.

KAPITEL 1

RICHTIG KRAULEN

Wie kann man das Kraulschwimmen definieren? Die folgende Definition ist in meinen Augen für Einsteiger sehr gut geeignet, weil sie alle charakteristischen Eigenschaften dieses Schwimmstils aufgreift.

Beim Kraulen handelt es sich um eine ventrale Schwimmart (das heißt, der Bauch liegt sozusagen auf dem Wasser auf) in horizontaler Ebene, bei der zwischen einer entspannten Seitenlage rechts und links gewechselt wird.

Diese Definition hat vor allem einen pädagogischen Vorteil: Wenn man nämlich einen Kraulanfänger beobachtet, dann fällt vor allem die Unbehaglichkeit des Schwimmers auf: Er zappelt wie ein Fisch (im negativen Sinn!), das heißt hier: mehr Seitwärtsbewegung als Vortrieb. Er scheint sich ständig im Ungleichgewicht zu befinden, stößt sich auf einer Seite vorwärts, um ein Ungleichgewicht auf der anderen Seite auszugleichen; dabei schlagen die Beine zum Teil hektisch vor sich hin, jedoch ohne Ziel oder Effizienz. Fast wie ein Elefant, der laufen lernt: Die Aneinanderreihung der Schritte ist scheinbar nur ein Abfolge von gerade noch vermiedenen Stürzen.

Im Gegensatz dazu weiß der guter Kraulschwimmer, sich richtig zu positionieren: Sein Körper bleibt stabil in der Horizontale, so wie ein Schiff einem Flusslauf folgt. Der Körper bleibt seiner horizontalen Achse treu und jede ausgeführte Bewegung erzeugt Vortrieb und nichts anderes, keine Energieverluste, keine Hektik oder Panik.

Darin entspricht die genannte Definition genau dem wichtigsten Ziel des Schwimmers: horizontale Vorwärtsbewegung auf dem Wasser ohne Verspannung und Unbehaglichkeit. Wenn einem das gelingt, beherrscht man bereits den Großteil des Kraulschwimmens.

Die reale Leistung resultiert anschließend aus dieser „Komforthaltung" und der optimal beherrschten Horizontallage.

In diesem Buch werden wir aber auch sehen, dass und wie das Kraulschwimmen andere wichtige Charakteristika beinhaltet, die sich vor allem von denen beim Schmetterling und Brustschwimmen unterscheiden (Rückenkraul, umgangssprachlich „Rücken", ist im Prinzip nichts anderes als umgedrehtes Kraulen). Zwei Charakteristika erheben das Kraulschwimmen in Sachen Effizienz über die zwei anderen Schwimmstile:

- Die Rückführung des Arms erfolgt durch die Luft, also mit wenig Widerstand.
- Der Schwimmer profitiert quasi permanent von der Traktion im Wasser, es gibt keinen Totpunkt, keine Auszeiten, keinen Leerlauf.

Wir werden sehen, wie man aus einer guten Kraultechnik von diesen beiden Charakteristika profitieren kann, wohingegen eine schlechte Technik dem Schwimmer diese beiden Vorteile verwehrt.

1• DIE HORIZONTALE WASSERLAGE

Beim Kraulen ist die horizontale Wasserlage absolut ausschlaggebend. Das ist der erste Schlüssel beim Erlernen des Kraulstils: Sie müssen es schaffen, im Wasser ein gutes horizontales Gleichgewicht zu finden. Solange man diesen Aspekt nicht beherrscht, hat es keinen Sinn fortzufahren. Es ist nämlich ganz einfach: Sobald der Körper aus dieser Horizontalen abweicht, entstehen Reibungskräfte, die den Schwimmer abbremsen (siehe Abb. S. 21). Diese negativen Kräfte nehmen proportional zum Quadrat des Tempos zu (das heißt, wenn ich meine Geschwindigkeit verdoppele, multiplizieren sich diese Bremskräfte mit 4!); da begreift man, weshalb jeder Versuch, ohne horizontale Wasserlage schneller kraulen zu wollen, fruchtlos bleiben muss. Hier handelt es sich um das erste Hindernis, das sich Kraulschwimmern auf Anfängerniveau entgegenstellt: Wie schaffe ich es, meine horizontale Wasserlage auch bei dynamischer Betätigung beizubehalten.

Die horizontale Bauchlage scheint vielleicht einfach und beherrschbar. In Wahrheit ist sie das aber für fast alle Schwimmer keineswegs; im Gegensatz dazu ist die Horizontale in Rückenlage viel einfacher.

Die Bauchhorizontale stellt anatomische Probleme für den menschlichen Körper dar, besonders während der Kraulbewegung, weil diese Stellung absolut unnatürlich ist. Als Nachweis empfehle ich den folgenden Test:

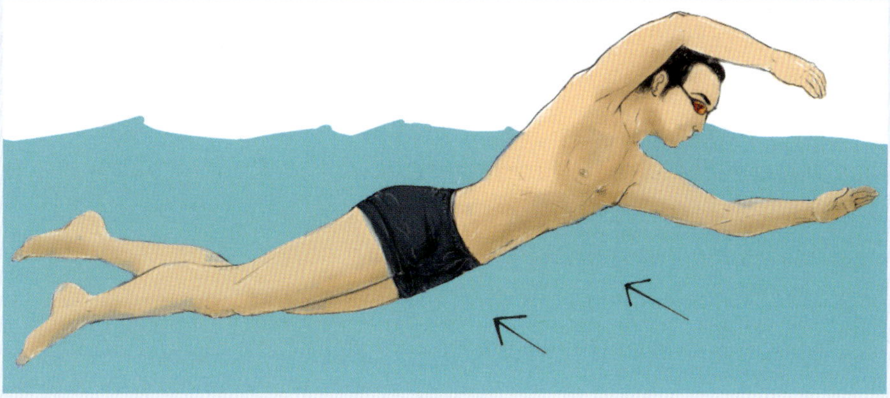

Je größer der Winkel zur Wasseroberfläche, umso mehr Reibungsfläche. In der Abbildung liegen das Becken und die Beine des Schwimmers sehr weit unter der Horizontalen, diese Absenkung erzeugt das Phänomen eines Schleppankers mit enormer Bremswirkung.

ÜBUNG

• Stellen Sie sich ganz gerade und aufrecht hin, strecken Sie beide Arme gerade über dem Kopf aus und versuchen Sie, Ihren Blick auf die Zimmerdecke zu richten. Was fühlen Sie? Wenn Sie wie die Mehrheit der Menschen die Biegsamkeit Ihrer Kindheit verloren haben, müssten Sie Spannungen im Nacken und im Lendenwirbelbereich spüren, und Ihr Becken müsste nach vorn kippen.

Exakt dasselbe passiert im Wasser: Die Streckung der Arme und der nach vorn gerichtete Blick sollte den Schwimmer im Wasser dieselben Spannungen empfinden lassen. Dazu kommen die tendenziell absinkenden Beine (weil das Becken wegen mangelnder Flexibilität nach vorn kippt).

Glücklicherweise gibt es Mittel, um diese ungewünschte Wirkung zu vermeiden und lange Zeit in angenehmer Haltung zu schwimmen. Dafür muss man einige Kniffe des Kraulschwimmens kennen, was es ermöglicht, die angestrebte Horizontale beizubehalten.

Diese Tricks sind im Wesentlichen die **Drehbewegung** (Körperrotation um die Längsachse, bei Schiffen und Flugzeugen spricht man von Rollen) **und die korrekte Platzierung der Arme**.

Die Körperdrehung im Wasser

Was wir beim Kraulen die Drehung nennen, ist die Bewegung des Schwimmers, wenn er wechselseitig eine Schulter über die Wasseroberfläche hebt, indem er sich um die Längsachse dreht. Wie wir im weiteren Verlauf noch sehen werden, macht dieses Rollen von rechts nach links, anstatt platt auf dem Bauch liegen zu bleiben, die Bauchhorizontale deutlich angenehmer.

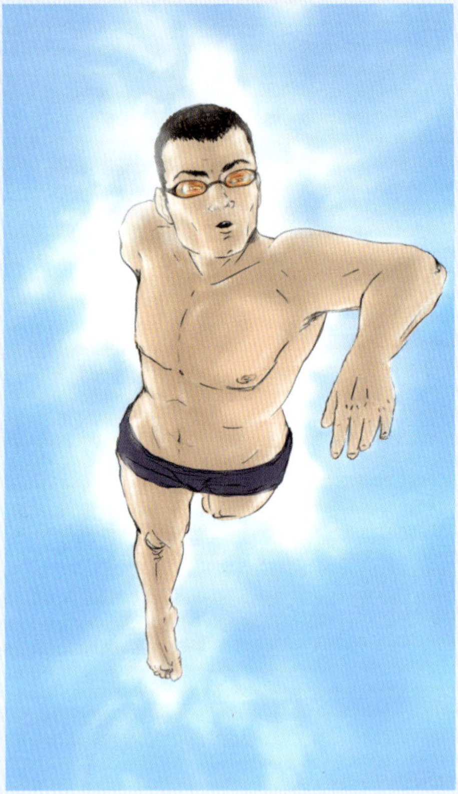

In dem Moment, in dem der Arm bzw. die Hand das Wasser greift, sieht man, dass die Schultern sich nicht in der Waagerechten befinden. Die linke Schulter wird tiefer eingetaucht als die rechte, die sich fast über Wasser befindet. Auch das Becken neigt sich nach links.

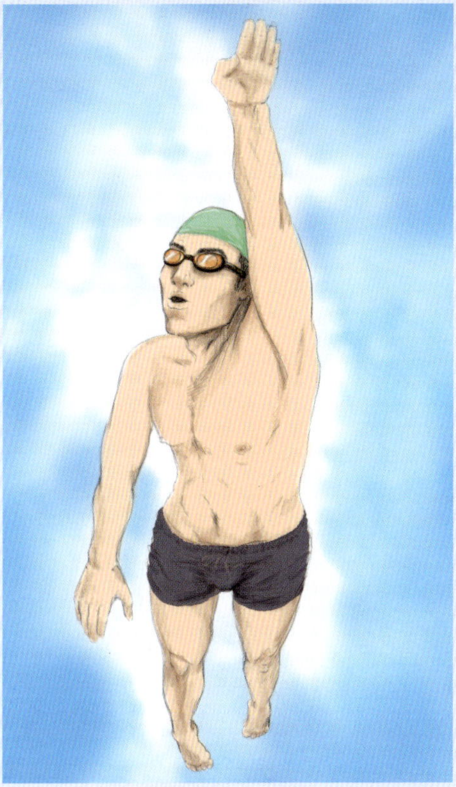

Auch im Moment der Armstreckung nach vorn erkennt man, dass sich die Schultern des Schwimmers nicht auf gleicher Höhe befinden: Die linke Schulter ist tiefer eingetaucht als die rechte.

Armführung

Eine der Schwierigkeiten des horizontalen Gleichgewichts, noch vor dem Ungemach durch mangelnde Flexibilität, rührt von einem grundlegenden Ungleichgewicht her.

Wenn sich ein Schwimmer nämlich im Versuch einer Gleitphase ausstreckt, versucht er zwei unvereinbare Kräfte zu vereinen: einerseits die Schwerkraft, die ihn nach unten zieht, andererseits das archimedische Prinzip, das den Körper nach oben drückt. Idealerweise gleichen sich die beiden Kräfte aus, damit der Schwimmer ohne eigenes Zutun horizontal an der Oberfläche „schweben“ kann. Nun wirkt die Schwerkraft aber auf den Körperschwerpunkt des Schwimmers, während die Archimedes-Kraft auf die Körperunterseite wirkt (wir sprechen auch von einem Auftriebszentrum des untergetauchten Körpers).

Leider ist es bei uns Menschen nun so, dass diese beiden Punkte nicht zusammenfallen. Der Körperschwerpunkt liegt im Bereich des Schambeins, während der Auftrieb nahe dem Brustbein am stärksten ist. Umso mehr es uns gelingt, die beiden Punkte anzunähern, desto leichter fällt uns das „Schweben". Deshalb ist es auch leichter, im Wasser den „toten Mann" zu spielen, wenn wir die Arme weit hinter die Schultern strecken, als wenn sie am Körper anliegen. Werden die Arme vom Körperschwerpunkt entfernt, verschiebt er sich nämlich in Richtung Brustbein – also fällt das Treiben im Wasser leichter. Es ist wichtig zu begreifen, **dass beim Kraulen die Arme beinahe die einzigen Körperteile sind, die der Schwimmer optimal für seine Wasserlage platzieren kann**. Deshalb ist es so wichtig, die Platzierung der Arme zu beherrschen, wie wir weiter unter sehen werden.

ÜBUNG

Um die Rolle der Arme bei der horizontalen Wasserlage besser zu begreifen, können Sie die folgende kleine Übung durchführen.

- Strecken Sie sich im Wasser auf dem Rücken aus und kreuzen Sie die Arme; setzen Sie dabei einen ganz leichten Beinschlag ein: Sie werden merken, dass sich Ihr Bauch im Verhältnis zu Schultern und Kopf ein wenig ins Wasser sinkt.
- Dann strecken Sie die Arme nach hinten über dem Kopf aus, als wollten Sie mit Ihrem Körper den Buchstaben Y bilden; Sie werden merken: Je weiter Sie die Arme hinter den Kopf strecken, desto mehr hebt sich Ihr Bauch wieder zur Wasseroberfläche.
- Schließlich, wenn Ihre Arme ganz hinter dem Kopf ausgestreckt sind, tauchen Sie die Hände unter Wasser, indem Sie Arm und Schulter in Richtung Boden des Schwimmbeckens drücken; Sie werden merken, dass Ihr Bauch und Ihr Becken an die Wasseroberfläche kommen, dass sie quasi höher liegen als Ihre Schultern.

So können Sie durch das Verschieben Ihres Auftriebszentrums bezüglich Ihres Körperschwerpunkts Ihre horizontale Wasserlage beeinflussen. Behalten Sie das gut im Gedächtnis, denn Sie werden es für die weiteren Kapitel des Buches und die Umsetzung bestimmter Ratschläge brauchen.

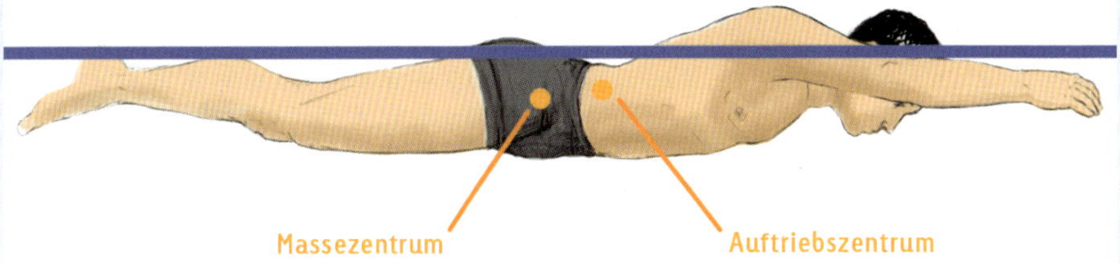

Die Auftriebskraft nach Archimedes wirkt auf das Auftriebszentrum. Das Körpergewicht, also die Schwerkraft, wirkt auf den Körperschwerpunkt. Die beiden Kräfte wirken nicht auf denselben Ort ein: Infolgedessen richtet sich der Schwimmer in statischer Stellung vertikal auf, bis er oder sie eine Gleichgewichtsstellung erreicht, in der das Auftriebszentrum und der Körperschwerpunkt auf derselben vertikalen Achse liegen. Durch das Ausstrecken der Arme vor den Kopf nähern sich die beiden Punkte an.

Warum ist die horizontale Wasserlage beim Kraulen schwieriger als bei den anderen Schwimmarten?

Zuerst **fehlen dem Kraulschwimmer sämtliche visuellen Orientierungspunkte**. Beim Rückenkraul kann man relativ einfach seine Bauchdecke und die Füße sehen und ihre Stellung zur Wasseroberfläche einschätzen. Das ist beim Kraulen nicht der Fall, denn hier sieht der Schwimmer seinen Körper nicht (mit Ausnahme der Arme und Hände). Es fehlen also sämtliche Referenzpunkte, festzustellen, ob man wirklich horizontal im Wasser liegt. Auch bei Schmetterling und Brustschwimmen hat der Schwimmer diese Bezugspunkte. Der Kraulschwimmer hingegen ist darauf beschränkt zu „erfühlen", ob zum Beispiel die Füße beim Beinschlag die Wasseroberfläche berühren. Da es **keine objektiven Mittel zur Bestimmung der eigenen Wasserlage** gibt, sondern nur subjektive, muss auch hier das Gefühl entscheiden: Liege ich horizontal im Wasser? Hängt mein Becken durch? Sinken meine Beine ab? Das ist bei der Betrachtung eines Analysevideos auch oft der Grund für Überraschung und manchmal Fassungslosigkeit. Da denkt man, man schwämme perfekt horizontal, und die Realität sieht ganz anders aus. Das ist eine der großen Schwierigkeiten beim Kraulschwimmen, mehr als bei jeder anderen Schwimmart.

Andererseits neigt der Kraulschwimmer dazu, den vorderen Arm leicht nach oben gerichtet auszustrecken. Das geschieht reflexartig und wird uns sicher durch das Suchen nach Höhe, die in unserem Gedächtnis gespeichert ist, diktiert. Doch diese Art der Armstreckung führt natürlich zu einer Winkelstellung zwischen Rumpf und Wasseroberfläche, also einem Absinken, das zu vermeiden eine große Gelenkigkeit erfordern würde, die nur wenige Schwimmer besitzen (besonders ab einem bestimmten Alter).

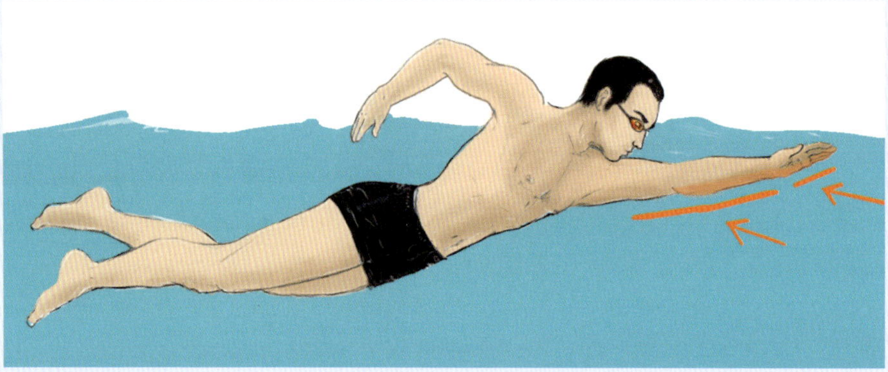

Der Schwimmer streckt den Arm leicht nach oben gerichtet nach vorn (der Ellenbogen leicht nach unten); dadurch entsteht eine Reibungszone an Hand und Unterarm, die der Schwimmgeschwindigkeit abträglich ist. Diese beinahe instinktive Bewegung erklärt sich bei Schwimmanfängern vielleicht durch die Tatsache, dass er oder sie den Kopf wegen der Atmung nahe der Oberfläche halten will (Strecken nach der Oberfläche). Beim durchschnittlichen Schwimmer ist der Grund möglicherweise die Suche nach der hydrodynamischsten Haltung. In beiden Fällen ist es nicht zielführend.

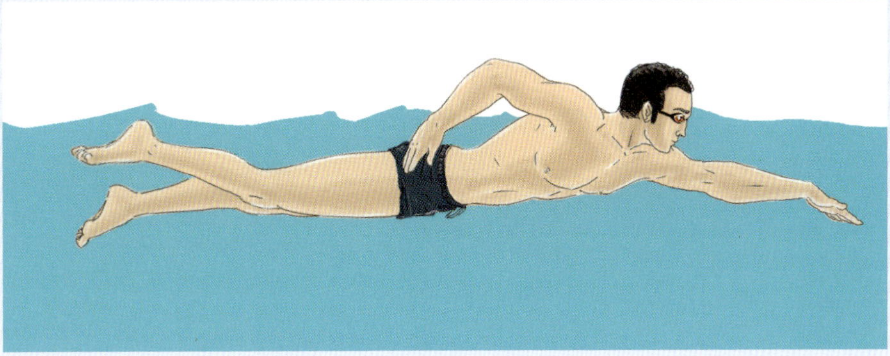

Im Gegensatz dazu erreicht der Schwimmer, der den Unterarm leicht nach unten neigt, die beste hydrodynamische Wasserlage.

Um sich von der Richtigkeit dieser Behauptung zu überzeugen, reicht es, die zuvor beschriebene Haltung einzunehmen: Stehen Sie aufrecht auf beiden Füßen, heben Sie den Kopf leicht in Richtung Zimmerdecke oder Himmel und strecken Sie die Arme über den Kopf. Das Ergebnis ist sofort zu bemerken: Man spürt eine Spannung in den Schultern, Rücken und Becken schieben sich nach vorn. Genau dasselbe passiert beim Kraulschwimmen. Wir müssen also lernen, dieses Phänomen zum umgehen, indem wir unsere Haltung ein wenig ändern: **Entweder durch leicht nach unten ausgestreckte Armhaltung, oder indem wir die Körperrotation einsetzen und die 100-prozentige Bauchlage im Wasser zugunsten einer leichten Seitendrehung aufgeben – oder beides zugleich.**

Darauf werden wir im weiteren Verlauf noch genauer eingehen. Durch Übung und mit genügend Mühe wird es dem Schwimmer zunehmend leichter fallen, die Armhaltung anzupassen, ohne das Becken zu senken.

ÜBUNG: ERLERNEN ODER REAKTIVIEREN DER HORIZONTALEN WASSERLAGE

• Strecken Sie sich im Wasser auf der rechten Seite aus und strecken den unteren Arm nach vorn aus; die Schulter dicht am Gesicht, der obere Arm liegt am Körper an. Bewegen Sie sich mit leichtem Paddeln der Füße langsam vorwärts. Zum Atmen drehen Sie einfach den Kopf. Falls die Fußbewegungen nicht ausreichen, können Sie auch kleine Flossen einsetzen. Wechseln Sie bei Ermüdung die Seite nach Belieben in der Mitte der Bahn oder früher.

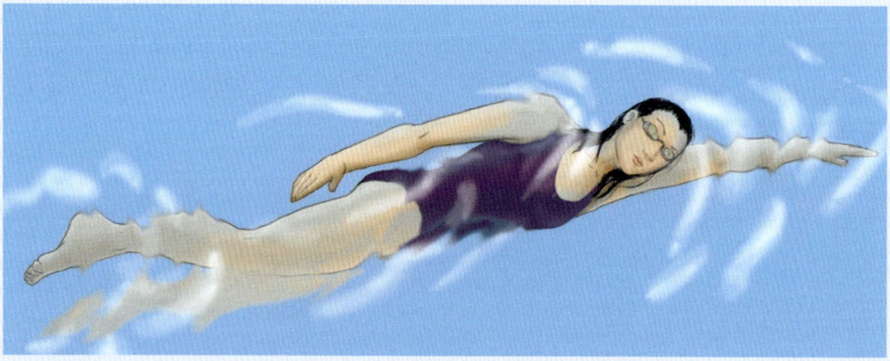

Empfohlen wird diese Übung allen noch nicht so erfahrenen Schwimmern zu Beginn des Trainings, um die horizontale Wasserlage in die körpereigenen Automatismen neu oder erneut „einzuschreiben".

Falls Sie den Eindruck haben, Ihre Beine sinken ab, platzieren Sie den unteren Arm nicht horizontal nach vorn, sondern ein wenig in Richtung Beckenboden. Denken Sie an den Blick zum Beckenboden, damit Sie Ihren Kopf nicht erhoben vor sich hertragen. Sie werden sehen, je mehr Sie den vorderen Arm nach unten neigen, desto stärker werden Ihre Beine und Ihr Becken sich heben. Denken Sie dran, Ihren Bauchbereich angespannt zu halten. Beim Schwimmen ist es immer wichtig, die Bauchmuskulatur dynamisch und kompakt zu halten, damit wir keine Kraft verlieren bzw. vergeuden. Man baut ein Schiff ja auch nicht mit einem beweglichen Rumpf in der Mitte. Ein Bootsrumpf ist auf der ganzen Länge immer extrem steif. Das ist eine fundamentale Eigenschaft, um durchs Wasser zu schneiden. Dasselbe gilt für Schwimmer - dort spricht man von festem **Core-Bereich** durch Anspannen der Bauchmuskeln - wie beim Unterarmstütz.

Wenn die Beine absinken, können Sie auch versuchen, dies durch mehr Muskelspannung im Rumpf zu korrigieren. Wenn der Schwimmer mit der Brust nach unten drückt, also versucht, sich ins Wasser zu drücken (Körperschwerpunkt ist das Becken), dann steigen seine Beine unweigerlich in Richtung Wasseroberfläche. Dafür muss man bei jedem Kraulzug der Arme die Seiten nach unten drücken, sodass sie immer niedriger liegen als das Becken. Im Englischen spricht man von *press the lungs*. Wenn diese Bewegung gut ausgeführt wird, liegt das Becken immer höher als das Brustbein, so als würde man bergab schwimmen (*to swim downhill*).

Dabei soll die horizontale Wasserlage stets als angenehm empfunden werden: Eine Haltung unter Zwang wäre kontraproduktiv und besonders ermüdend. Jeder, die die horizontale Lage anstrebt, muss seine morphologischen Eigenschaften beachten; die Haltung darf keine großen zusätzlichen Anstrengungen erfordern bzw. gar keine Anstrengungen bei guten Schwimmern.

TIPPS UND TRICKS

- Durch leichtes Auf-die-Seite-Legen (Körperrotation längs) kann sich das horizontale Gleichgewicht einfacher gestalten.
- Ein anderer Trick besteht darin, den vorderen Arm nicht nur unter der Horizontalen auszustrecken, sondern eher in Richtung Beckenboden (der Arm bildet einen Winkel zur Wasseroberfläche). Dieser Winkel bewirkt nämlich ein natürliches Anheben der Beine (siehe Abb. unten und Videos auf der Website www.totalimmersion.net, die dieses tiefe Greifen des Armzugs betonen).

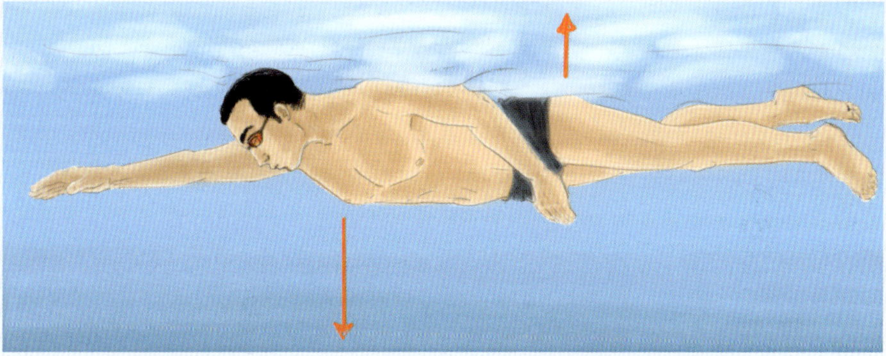

- Auch die Kopfhaltung ist wichtig. Der Kopf sollte sich in Verlängerung der Wirbelsäule befinden, in derselben Achse. Der Nacken ist nicht aufgerichtet, der Blick des Schwimmers geht eher in Richtung Beckenboden.
- Falls es Ihnen gar nicht gelingt, versuchen Sie es mit der zuvor beschriebenen Übung (S. 27) mit (möglichst kleinen) Flossen. Sie helfen uns beim Vortrieb mit den Füßen, sorgen aber auch für mehr Auftrieb der Beine. Das kann Ihnen ein erstes bewusstes Wahrnehmen der korrekten horizontalen Lage für das Kraulen ermöglichen.

2• DIE AUFTRIEBSFÄHIGKEIT

Die Auftriebsfähigkeit geht Hand in Hand mit der horizontalen Lage. Man kann es sich nicht so einfach machen und behaupten, wegen des mangelnden Auftriebs könne man keine Horizontalität erreichen. Was vor allem zählt, ist das Gleichgewicht im Wasser. Dabei handelt es sich eher um ein dynamisches als ein statisches Gleichgewicht, weil der Schwimmer ja nicht auf der Stelle schwimmen will. Diese Dynamik ist wichtig beim Schwimmen, weil sie den Schwimmern mit geringerem natürlichen Auftrieb zumindest eine gute horizontale Lage ermöglicht.

In ausgestreckter statischer Position ziehen die Beine den Körper nach unten, der sich infolgedessen aufrichtet; die erreichte Stellung entspricht dem statischen Gleichgewicht: Der Schwerpunkt des Schwimmers (da, wo die Schwerkraft am stärksten wirkt) liegt nämlich auf derselben vertikalen Ebene wie der Auftriebspunkt des Schwimmers (da, wo die Archimedes-Kraft wirkt).

In dynamischer Situation kann der Schwimmer sich in der Horizontalen bewegen, obwohl Körperschwerpunkt und Auftriebsschwerpunkt nicht auf einer vertikalen Ebene liegen. Das ist das Wunder der Bewegungsgeschwindigkeit! Ein wenig wie ein Radfahrer, der nicht mehr umfällt, sobald er genug Geschwindigkeit aufgenommen hat.

TIPPS UND TRICKS

• Entscheidend ist die Haltung von Arm und Kopf! Sie müssen den Kopf so waagerecht wie möglich halten (und dabei in Richtung Beckenboden schauen). Nach und nach wird sich Ihr Blick mit Ihren Fortschritten „ausrichten", je mehr es ihnen gelingt, Becken und Beine an der Wasseroberfläche zu halten (was den Kopf leicht anhebt). Manche Schwimmer verfügen dank hoher Muskeldichte in den Beinen oder „glücklicher Fügung" über einen sehr großen natürlichen Auftrieb. Solchen Schwimmern wird das leichte Heben des Kopfes helfen, die Füße beim Beinschlag unter der Wasseroberfläche zu belassen.

• Achten Sie auf ein wenig Winkelstellung im vorderen Arm, um nicht zu flach ins Wasser einzutauchen, sondern ein bisschen abwärtsgerichtet.

• Achten Sie darauf, die Arme länger vor dem Kopf liegen zu lassen (vgl. S. 69).

• **Achten Sie darauf, sich unter Wasser groß zu machen und zu strecken.** Visualisieren Sie einen der großen Segler beim America's Cup oder der Kieler Woche: langgestreckt, spitzzulaufend durchschneidet sein schmaler Bug das Wasser perfekt. Diese Vorstellung wird schließlich auch für die Körperrotation wichtig sein.

3• HYDRODYNAMIK UND ATMUNG

Die dritte Komponente des Kraulens (nach horizontaler Lage und Auftrieb) ist die Hydrodynamik (ein Kunstwort aus „hydro“ für Wasser und „Dynamik“ für Bewegung) und meint die Gleitfähigkeit im Wasser (analog zur Aerodynamik der Land- und Luftfahrzeuge) und ist besonders wichtig in der Phase des Einatmens, denn das ist der Moment, in dem der Schwimmer das meiste seiner Hydrodynamik verliert.

Wasser ist fast 1000-mal dichter als Luft, genau gesagt 816 Mal. Um so wenig wie möglich Energie für das Vorwärtskommen aufzuwenden, muss der Schwimmer seine maximalen Reibekräfte im Wasser minimieren. Wegen der maximalen Dichte des Wassers lässt sich ein Geschwindigkeitsgewinn von gerade einmal 10 Prozent nur mit 30 Prozent mehr Leistung erreichen. Eine gute Gleitfähigkeit im Wasser zahlt sich für den Schwimmer also extrem gewinnbringend aus. Deshalb:

- Müssen wir eine vorteilhafte Stellung von Becken und Beinen genau in horizontaler Achse von Rumpf und Kopf herstellen.
- Die Frontfläche muss verringert werden: Das entspricht im Wesentlichen der Fläche des Kopfes, der Schultern und des vorne liegenden Unterwasserarms (vorausgesetzt, der Schwimmer schafft es, Becken und Beine horizontal in der Achse des Rumpfes auszurichten). Man muss sich das so denken: Es gilt, einen engen Tunnel durchs Wasser zu finden, was viel Beweglichkeit in den Schultern erfordert. Wenn es sich um den Führungsarm handelt, ist also daran zu denken, wie sehr er bremsen kann, wenn Eintauchen und Positionierung des Arms nicht gelungen sind. Zu Ihre Beruhigung: Es reicht aus, wenn der obere Arm während des Beinschlags rechtwinklig über der Wasseroberfläche steht. Die Oberfläche des Arms, die sich gegen das Wasser richtet, würde Sie enorm bremsen. Wenn Sie den Arm zu lange unter Wasser bewegungslos halten, bietet er einen großen Wasserwiderstand und bremst Sie ebenfalls ab. Dem können Sie mit schneller Beschleunigung des Arms unter Wasser und möglichst frühem Abknicken des Ellenbogens sehr effektiv entgegenwirken (auf die Unterwasserstrecke des Armzugs wird später noch detailliert eingegangen).
- Die maximal gestreckte und angespannte Haltung im Wasser muss möglichst lange beibehalten werden. Eine lange, schlanke Form durchschneidet das Wasser besser als eine gedrungene runde Form (lieber ein Pfeil als eine Kugel). Nicht umsonst haben die schnellsten Boote eine spitz zulaufende Form. Versuchen Sie, sich mehr der Form eines Bootes der America-Klasse anzunähern als der einer Fähre. Dazu müssen Sie alles daransetzen, die horizontale Länge des gesamten Körpers im Wasser zu maximieren. Dieses Streben nach Streckung des Körpers befördert außerdem eine Versteifung und Verschlankung der

Mittelpartie des Schwimmers (Bauch und Becken), was der Hydrodynamik und damit der Schwimmgeschwindigkeit zugutekommt.

Der richtige Augenblick zum Luftholen

Die Atmung muss in diese hydrodynamischen Anstrengungen integriert werden. Deshalb muss die Phase des Einatmens mit der Rotation der Schultern und des Oberkörpers synchronisiert werden. Wesentlich ist vor allem, dass der **Kopf zum Atmen nicht gehoben** wird!

ZU DEN CHAMPIONS, DIE DEN KOPF DOCH HEBEN ...

Einige Leser werden einwenden, dass es hervorragende Schwimmer/-innen gibt, die den Kopf scheinbar zum Atemholen aus dem Wasser heben. Das bekannteste Beispiel ist die amerikanische Meisterin Janet Evans, doch sie ist nicht die Einzige, man kann es bei vielen aktuellen Champions beobachten. Die Erklärung liegt darin, dass diese Schwimmer das Einatmen möglichst schnell abschließen wollen, um wieder die bestmögliche hydrodynamische Haltung einnehmen zu können, während sich der Arm in der Unterwasserphase befindet. Für Anfänger und selbst für perfekte Schwimmer ist es trotzdem signifikant vorteilhafter, den Kopf nicht zu heben. Später spricht natürlich nichts dagegen, zur Steigerung des Schwimmtempos das Timing nach seiner oder ihrer Inspiration vorzuverschieben, wie es die Champions tun, das widerspricht sich nicht. Auf diesen Punkt gehen wir auf Seite 97 noch einmal ein.

Es ist nämlich so: Wenn der Schwimmer seine Schultern dreht (also wechselseitig eine Schulter durch Körperdrehung um die eigene Achse aus dem Wasser hebt), dann genügt es, mit dem Kopf dieser Bewegung zu folgen, um zu atmen. Dadurch kann der Kopf während des Einatmens nahe den Schultern bleiben, wodurch ein zu großer Verlust an Hydrodynamik vermieden wird, denn ein Heben des Kopfes hat oft ein Absenken von Becken und Beinen zufolge. Man muss also darauf achten, Kopf und Schulter bei Atembedarf nicht voneinander zu „trennen“, das Gesicht bleibt einfach in einer Ebene mit den Schultern. Ein guter Tipp ist es, beim Einatmen immer ein Ohr unter Wasser zu halten, um jedes Heben des Kopfes zu vermeiden. Diese Kopfstellung scheint „unter Wasser“ zu bleiben, doch erlaubt sie ein ausreichendes Atmen in dem „Wellental“, das der Schwimmer durch seinen Vortrieb schafft.

Sobald man diese Möglichkeiten der Schulterdrehung beherrscht, atmet man so schnell wie möglich ein, sobald der vordere Arm sich unter Wasser nach vorn streckt, und bevor die Druckphase beginnt. Dadurch kann man von dem Schub profitieren, während der obere Teil der Schulter wenig Wasserwiderstand bietet.

Wie man die Zeit über der Wasseroberfläche maximal zum Einatmen (Sauerstoff) nutzt, erfolgt das Ausatmen so weit wie möglich unter Wasser. Dieser feste Rhythmus „regelt" auch den Horror von Luftnot und Wasserschlucken - denn sind die Lungen leer, wollen sie sich mit aller Macht füllen, sobald sich die Möglichkeit bietet.

TIPPS UND TRICKS

• **Denken Sie daran, sich „auf" dem Wasser richtig auszustrecken.** Dazu brauchen Sie eventuell einen gewissen zeitlichen Versatz im Timing des Armzugs: Man spricht vom Abschlagkraulen. Bei diesem Schwimmtyp geht es um Folgendes: Beide Arme liegen kurzzeitig vor dem Kopf; anders formuliert: Der eine Arm wartet mit seinem Zug vor dem Körper auf ein Antippen des anderen Arms. Dadurch verlängert sich die Zeit, in der der Schwimmer vollkommen ausgestreckt im Wasser liegt. Das trägt zu einer guten horizontalen Wasserlage bei und folgt demselben Prinzip wie der „tote Mann", bei dem man mit ausgestreckten Armen auf dem Rücken im Wasser liegt.

• **Der nach vorn gestreckte Arm sollte dabei Kontakt mit dem Kinn haben.** Indem wir die Beweglichkeit unserer Schultergelenke nutzen, können wir die Schulter ans Kinn bringen, was unsere Frontfläche gegenüber dem Wasser signifikant reduziert. Dazu müssen wir den Abstand zwischen Schulter und Gesicht möglichst minimieren.

• **Sie müssen sich zwingen, minimal später Luft zu holen, als Ihr Instinkt diktiert.** Naturgegeben versucht der Schwimmer, relativ schnell Luft zu holen, sobald die vordere Hand die Wasseroberfläche trifft. Doch in diesem Moment ist die Schulter noch nicht am höchsten Punkt der Körperrotation; der Schwimmer muss also leicht den Kopf lösen. Wenn Sie sich bemühen, einige Zehntelsekunden mit dem Luftholen zu warten, können Sie maximal von der Körperdrehung und der vom Schwimmer produzierten Welle profitieren. Denken Sie daran, den Kopf in dieser Phase möglichst dicht an der Unterwasserschulter zu halten. Hilfreich ist es, sich vorzustellen, ein Ball schwämme vor dem Kopf und man wolle ihn kontinuierlich und möglichst horizontal vor sich herstoßen. Das zwingt den Schwimmer, den Kopf in der Körperachse zu halten und ein Heben zu vermeiden.

• **Schließen Sie das Einatmen mit der Rückkehr der Schulter ab.** Zum Einhalten der hydrodynamischsten Haltung fällt der beste Augenblick zum Abschluss der Atmung mit dem Moment zusammen, in dem die Schulter von vorn nach hinten zurückkehrt; so bleibt der Kopf in diesem Moment ganz natürlich fest mit den Schultern verbunden.

Optimieren Sie Ihre Atmung

• Die Menge der **Atemmöglichkeiten** beim Kraulen ist beschränkt: Man muss schnell und stark einatmen in dem Moment, in dem sich Mund und Nase über Wasser befinden. Um jedoch die maximale Menge Sauerstoff zu bekommen, muss vorher die verbrauchte Luft ausgeatmet werden.

• Das optimale **Ausatmen** beim Kraulen (und auch bei Schmetterling und Brustschwimmen) vollzieht sich in zwei Schritten.

Zuerst wird empfohlen, während der Unterwasserphase lang leicht auszuatmen, dann kurz und stark unmittelbar vor dem Einatmen. Dieser zweite Schritt ermöglicht ein gutes Entleeren der Lungen von der abgestandenen Luft (man spricht auch vom „exspiratorischen Reservevolumen“, ERV).

Dazu muss man wissen, dass unser Lungenvolumen bei Ruhe in der Größenordnung von einem halben Liter liegt; dieses Volumen steigt bei Belastung auf fünf Liter an. Die Zahl ist ein reiner Richtwert. Bei Sportlern liegt das Lungenvolumen im Allgemeinen über dem Durchschnitt. Bei Weltklasseathleten kann sie auf über zehn Liter ansteigen (und bei Apnoe-Tauchern noch höher).

Ein weiterer wichtiger Parameter ist die Einsekundenkapazität (FEV1 nach dem Englischen *Forced Expiratory Volume in 1st second*) - man nennt sie auch Belastungskapazität. Das ist das maximale Volumen, das man während der ersten Sekunde unter Druck ausatmen kann; der Wert sollte bei 70 bis 80 Prozent der Vitalkapazität VC liegen (das heißt der Luftmenge, die man ausatmen kann; es bleibt aber immer noch eine Restmenge Luft in den Lungen). Somit kann der trainierte Schwimmer durch ein druckvolles Ausatmen unmittelbar vor dem Einatmen mehr verbrauchte Luft ausstoßen (deutlich mehr als durch das bloße lockere Ausatmen unter Wasser).

Es ist also wichtig, das schnelle, druckvolle Ausatmen zu trainieren.

Das Interesse am Ausatmen in zwei Schritten (erst leicht, dann druckvoll) ermöglicht es, während des Schwimmens immer Luft in den Lungen zu haben.

Allen Yogainteressierten sei gesagt, dass diese Sportart eine hervorragende Übung für die Atemkontrolle darstellt.

Der Atemrhythmus

Der Atemrhythmus wird vom Schwimmer selbst bestimmt. Im Allgemeinen gibt es drei Typen:

- **2er-Atmung.** Hierbei atmet der Schwimmer alle zwei Armzüge, also einmal pro Zyklus. Bei Rechtsatmung beispielsweise immer, wenn die rechte Schulter aus dem Wasser kommt.
- **3er-Atmung.** Hierbei atmet der Schwimmer alle drei Armzüge, also er oder sie wechselt die Atemseite nach jeweils anderthalb Zyklen.
- **4er-Atmung.** Hierbei atmet der Schwimmer alle vier Armzüge, also immer nach zwei Zyklen. Wie bei der 2er-Atmung atmet der Schwimmer also immer zu derselben Seite.

Es existiert keine absolute Regel für den Atemrhythmus. Anfängern wird gemeinhin die 3er-Atmung empfohlen, um die Symmetrie der Bewegung zu wahren. Es ist nämlich so, dass es bei steter Atmung nach nur einer Seite (sei es 2er- oder 4er-Atmung) oft zu einer mehr oder weniger asymmetrischen Schwimmbewegung kommt und der Armzug auf der der Atmung abgewandten Seite schwächer ausfällt.

Die Atmung hat die Tendenz, die Hydrodynamik des Schwimmers zu beeinträchtigen. Der Viererrhythmus beeinträchtigt sie jedoch weniger als die „hektischere" 2er-Atmung, dafür versorgt der Zweierrhythmus den Schwimmer mit einem Maximum an Sauerstoff. Der Atemrhythmus stellt also vor allem immer einen Kompromiss dar und ist eine Angelegenheit von Komfort und Gewohnheit.

Die besten Schwimmer schaffen zum Teil sogar eine Einmalatmung auf bestimmten Abschnitten der Bahn, etwa nach der Wende; andere argumentieren, dass sie durch den Zweierzug an Zuglänge (zurückgelegte Distanz je Zyklus) gewännen, was der Idee zuwiderläuft, dass die Atmung immer einen Verlust an Hydrodynamik darstellt. Man erkennt hier also die Komplexität des Themas – jeder muss für sich die optimale Kombination herausfinden.

Und letztlich kann man seine Atmung jederzeit auf einer Schwimmstrecke anpassen, besonders im Freiwasser. In den intensiveren Phasen entscheidet man sich vielleicht eher für 2er-Atmung, in ruhigeren Momenten möglicherweise eher für 3er- oder sogar 4er-Atmung. Man kann auch die Atemseite je nach Begebenheiten der Strecke ändern, etwa wenn man von der Sonne geblendet wird, wenn Wellengang herrscht oder wenn man sich an Landmarken orientieren muss. Freiwasserschwimmer haben also ein berechtigtes Interesse daran, verschiedene Rhythmen und Atemseiten zu beherrschen, um möglichst vielseitig im Wasser unterwegs zu sein.

4• KÖRPERSPANNUNG

Das vierte Element eines guten Kraulstils nach horizontaler Wasserlage, Auftrieb und Hydrodynamik ist die Körperspannung. Stellen Sie sich ein Boot vor, dessen Einzelbestandteile nur durch ein Seil verbunden sind. Das funktioniert nicht. Während der Fahrt hätte dieses Boot mit Kräften, die in alle Richtungen wirken, zu kämpfen. Genauso verhielte es sich mit einem Schwimmer, der schließlich seine Beine und Arme in der Bewegung zusammenhalten muss.

Um diese multidirektionale Energieverschwendung zu beschränken, muss der Muskeltonus hoch sein und der Körper möglichst steif im Wasser liegen. Das ist besonders wichtig in Bezug auf die Körpermitte, „the core", wie die Amerikaner es nennen (und es heute fachsprachlich heißt). Diese Körpermitte bildet eine Säule oder einen Pfeiler, dank dessen die oberen und unteren Extremitäten über Muskelstränge „kommunizieren" können. Und dieser Pfeiler ist stabil und steif, dazu kommen Arme und Beine, die für den Antrieb sorgen, was effiziente Bewegungen ermöglicht, präzise, schnell, leistungsstark und besonders ökonomisch. Lange dachte man, das Körperzentrum wäre Bauch- und Beckenbereich. Heute hält man den Bereich zwischen Hüften und Schultern für die Körpermitte. Spannkraft in diesem Bereich ist gleichbedeutend mit einer guten Körperstreckung. Und diese Spannkraft wird sich für den Vortrieb noch als sehr wichtig erweisen.

TIPPS UND TRICKS

- **Denken Sie immer daran, sich im Wasser groß und lang zu machen.**
- **Dann denken Sie ab und zu an die Muskelanspannung im Bauchbereich, um sich die Versteifung des Core-Bereichs nutzbar zu machen (das ist ein Lernziel – man muss keineswegs die ganze Zeit mit übermäßig angespannten Bauchmuskeln schwimmen).**
- **Wenn Sie gern mit dem Pull Buoy trainieren, platzieren Sie ihn eher zwischen den Fußknöcheln (und nicht zwischen den Oberschenkeln, wie man es oft sieht); dadurch wird der Bauchmuskelbereich gut gestrafft.**

Für weitere Details verweise ich auf die FAQ und die Erläuterungen unter „Was versteht man unter Körperspannung?" auf S. 94.

5• DIE KÖRPERROTATION (EINSTEIGER)

Diese Drehbewegung von rechts nach links und zurück ist ein Schlüsselelement beim Kraulen. Wenn wir von horizontaler Wasserlage sprechen, meinen wir eine **horizontale Seitenlage** (und nicht bäuchlings). Dazu muss sich der Körper abwechselnd von einer Seite auf die andere rollen, fast als ob der Schwimmer sich an einem Bratspieß befände.

Für einen Einsteiger ist es aus mehreren Gründen wichtig, die Körperrotation zu beherrschen:

- Wegen der horizontalen Wasserlage: Es ist einfacher, die horizontale Wasserlage einzuhalten, wenn man leicht auf der Seite liegt statt platt auf dem Bauch. Die ausgestreckte Stellung bäuchlings mit nach vorn ausgestreckten Armen erzeugt bei nicht so gut trainierten oder älteren Schwimmern Spannungen im Rücken. Die Lage leicht auf der Seite ist daher viel einfacher und komfortabler als die Bauchlage.
- Die Körperdrehung ermöglicht, die Körperstreckung zu verlängern. Durch das „Umwälzen" des Körpers von einer Seite auf die andere kann man sich mit Schulter und Hand weiter nach vorn strecken als beim Schwimmen in Bauchlage und flach liegenden Schultern. Falls Sie sich davon überzeugen wollen: Legen Sie sich an Land flach auf den Boden, strecken Sie die Arme nach vorn aus, dann drehen Sie sich auf die Seite und lassen einen Arm ausgestreckt vor sich (den auf dem Boden liegenden). Sie werden feststellen, dass Sie mit diesem Arm in der Seitenlage weiter reichen.
- Die Körperdrehung erlaubt den Einsatz von mehr Muskeln, insbesondere von stärkeren. Die Drehung der Schultern ermöglicht zwar nicht den Einsatz der Schultermuskeln für den Vortrieb über die Arme, setzt aber die Rücken- und Brustmuskulatur ein, was die Bewegungen des Schwimmers stärkt und effektiver macht. Die Schulter hat daher vor allem eine Schlüsselrolle in der Drehung und nicht in im Antrieb.
- Durch die Körperdrehung wird es möglich, das eigene Körpergewicht vorteilhaft für den Vortrieb einzusetzen, wenigstens zum Teil. Die Drehung besteht daraus, das Körpergewicht von einer Seite auf die andere umzuwälzen; diese Gewichtsverlagerung verschafft durch den jeweiligen Druckarm (den Arm unter Wasser) auch Traktion (falls der Arm richtig platziert eingesetzt wird und auch das Timing der Körperdrehung stimmt).

Lange Zeit hat man Kraulschwimmern eingebläut, das Becken flach im Wasser zu halten. Das ist heute anders, weil man erkannt hat, dass die **Drehung des Beckens** genauso im Interesse des Schwimmers liegt wie die der Schultern. Wer beim Kraulen auch das Becken dreht, kann dadurch auch sein Körpergewicht für den Vortrieb nutzen.

ÜBUNG

• Wenn Sie diese Sachlage prüfen wollen, klemmen Sie ein Schwimmbrett senkrecht zwischen die Beine und vergleichen Sie das Kraulen in reiner Bauchlage mit dem Kraulen mit Drehung des Beckens. So begreifen Sie die Rolle des Beckens und Sie werden merken, dass der Einsatz des Beckens Arme und Schultern entlastet. Wir werden später noch sehen, dass es verschiedene Kraularten gibt, die sich unter anderem durch den Beckeneinsatz unterscheiden.

TIPPS UND TRICKS

• Zu Anfang sollten Sie nicht zögern, den Körper ganz bewusst hin und her zu drehen, indem Sie versuchen, Ihren Bauchnabel zum Beckenrand zu drehen, zu dem Sie ja parallel schwimmen.

• Denken Sie daran, Ihre Arme für die Drehung einzusetzen.

• Und denken Sie daran, Ihre Arme nicht vor dem Körper zu kreuzen (sogenanntes Übergreifen), sondern die Arme in der Längsachse des Körpers einzusetzen oder gar leicht nach außen. Die rechte Hand darf sich nicht auf der linken Körperseite befinden und umgekehrt (siehe S. 107).

6• DIE KÖRPERROTATION (FORTGESCHRITTENE)

Rotation oder Torsion – das ist die Frage! Die Körperdrehung ist auch für den fortgeschrittenen Schwimmer wichtig, jedoch auf etwas andere Art und Weise als beim Einsteiger.

• Die Drehung der Schultern ist und bleibt fundamental und eine wichtige Komponente eines guten Kraulstils. Sie ermöglicht eine bessere Streckung, den Einsatz der kräftigsten Muskeln und verringert das Risiko einer Schulterverletzung.

• Auf die Drehung des Beckens müssen wir noch genauer eingehen. Eine zu starke Beckendrehung droht nämlich das Gleichgewicht des Schwimmstils zu komplizieren, die Effizienz des Beinschlags zu reduzieren und insbesondere Leistung und Geschwindigkeit zu beeinträchtigen: Der Schwimmer kann weniger von den starken Rumpfmuskeln profitieren; und schließlich gibt es das Risiko, mit den Hüften abzusinken, was ebenfalls zulasten der Geschwindigkeit geht.

Übrigens stellt man bei sehr guten Schwimmern häufig fest, dass sie die Schultern stärker drehen als das Becken (im Allgemeinen zwischen 30 und 45 Grad), was einige interessante Vorteile hat:

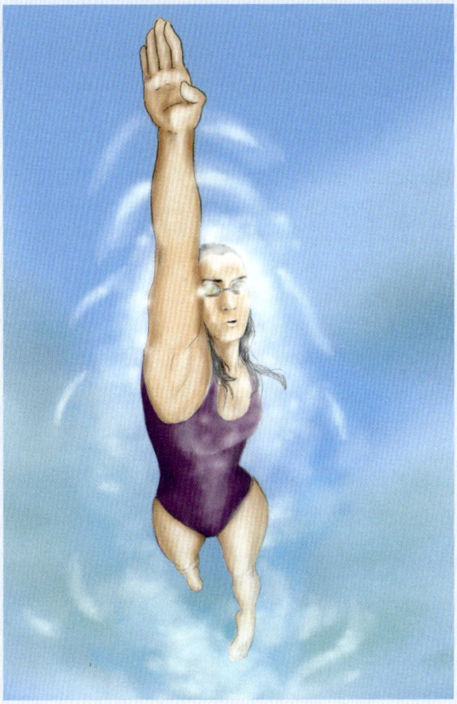

Fortgeschrittene Schwimmerin mit guter Drehlage.

- Es erlaubt einen besseren Beinschlag.
- Es trägt zu einer Torsion zwischen Becken und Schultern bei; diese Torsion ermöglicht die Akkumulation elastischer Energie, die dann über den jeweiligen Antriebsarm in kinetische Energie umgewandelt werden kann.

Um die Bedeutung der Torsion zu begreifen, ist Golf ein gutes Beispiel. Wenn der Spieler den Ball schlägt, ist der Oberkörper mit den Schultern komplett vom Becken entkoppelt. Er versetzt die Schultern in Drehung, während sich das Becken viel weniger bewegt (der Spieler versucht, den Unterkörper fast stabil zum Ball zu halten): Diese Entkopplung von Becken und Schulter bewirkt die genannte Torsion im Oberkörper. Wenn der Schläger sich senkt, begnügt der Spieler sich nicht bloß mit der Schwerkraft, sondern nutzt die beschriebene elastische Energie in den Muskeln, Bändern und Sehnen des Oberkörpers für einen effektiveren Schlag. Studien haben gezeigt, dass nicht der muskulösere Golfspieler besser spielt, sondern derjenige, der die Torsion besser beherrscht.

Wenn man sich den Rumpf des Spielers als gespannte Feder vorstellt, dann versteht man den Energiezuwachs.

Das ist beim Kraulen ähnlich: Gerade dass das Becken nicht ebenso rotiert wie die Schultern (was Zuglänge und Timing betrifft), kann dem Vortrieb dienen, aber das hängt natürlich auch vom jeweiligen Kraulstil ab, wie wir im nächsten Kapitel sehen werden.

Die Torsion des fortgeschrittenen Schwimmers wird durch den Beinschlag unterstützt, der das Becken stabilisiert.

TIPPS UND TRICKS

• Das Vorbild des Hais ist ein interessantes Beispiel für die elastische Energie, die man durch die Torsion gewinnt. Kraulen Sie mit starker Schulterdrehung und mit einem Schwimmbrett zwischen den Beinen und versuchen Sie, dieses möglichst ruhig zu halten. Sie werden die Torsion und den resultierenden Energiezuwachs spüren, wenn sich die Federspannung zu Beginn der Druckphase löst. Wenn Sie Hand und Arm richtig führen und gut mit der Bewegung von Schultern und Becken synchronisieren, dann können Sie die elastische Energie für den Vortrieb nutzen.

7• DER VORTRIEB DER ARME UNTER FÜHRUNG DER SCHULTERN

Es wäre illusorisch, als Schwimmer an seinem effizienten Vortrieb zu arbeiten, wenn man nicht zuvor die folgenden Dinge beherrscht:

- die horizontale Wasserlage
- die Hydrodynamik und die Atmung
- die Körperspannung
- die Körperrotation

In diesem Fall würde der größte Teil der eingesetzten Kraft verpuffen, denn die Reibung im Wasser wäre zu groß.

In hohem Maße gilt: Bei guter Körperrotation braucht der Schwimmer sich wirklich kaum um seine Armarbeit kümmern. Sobald die Hand ins Wasser taucht, also beim „Wassergreifen“, sorgt die Drehung des Körpergewichts auf die entgegengesetzte Seite für Vortrieb. Die Schwimmschule „Total Immersion“ hat einen ökonomischen Schwimmstil entwickelt, der von diesem Phänomen profitiert.

Der erste Schlüsselfaktor des Vortriebs ist also ein gutes Wassergreifen, im Englischen spricht man von *catch*. Diese Bewegung erfolgt nicht durch die Hand, sondern durch korrekte Schulterhaltung. Das ist ein fundamentaler Punkt für alle Schwimmer, die gut kraulen wollen. Die Schulter dient nämlich als Hebelachse für einen effektiven Vortrieb. Die Schulter muss nach vorn bewegt werden, sodass sie dicht neben dem Kinn liegt (denken Sie an ein Kind, dass sich auf die Zehenspitzen stellt und sich reckt und streckt, um eine Sache zu bekommen, die sonst nicht erreichbar ist). Während dieser Schulterstreckung geht das Schulterblatt zum Kinn und der Arm reicht horizontal nach oben.

In dieser Stellung macht die Schulter eine leichte Biegung. Dazu kommt noch eine Körperdrehung. Das ist die einfachste Art und Weise, die Schulter richtig einzusetzen. Anschließend kann man sich nach und nach um die Perfektionierung des Armzugs samt Druckphase kümmern, indem man den Arm mit möglichst großer Fläche (Hand, Unterarm und Oberarm) durchs Wasser zieht, dabei wird der Arm beschleunigt, wenn auch nur leicht (siehe Abb. unten).

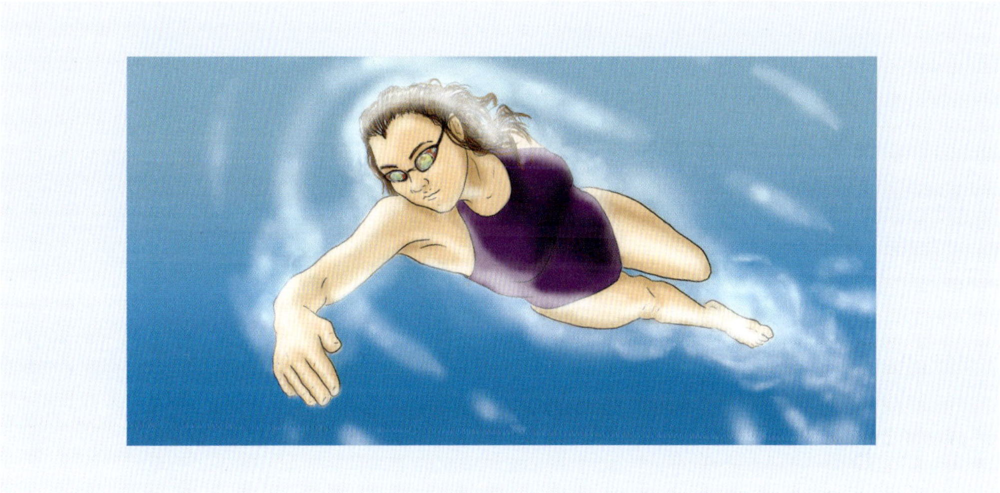

Druckphase bedeutet aber keine starke Kontraktion des Armmuskels – die Bewegung soll locker ausgeführt werden. Diese Lockerheit ist manchmal schwierig zu erreichen, wenn jemand erst spät mit dem Kraulen beginnt. Natürlich gibt es eine leichte Kontraktion, jedoch keine Verkrampfung. Ein bisschen ist das so wie beim Rennradfahren, wenn der Fahrer pedaliert und trotzdem schnell vorankommt. Wichtig ist beim Zurückbringen des Arms durch die Luft, auf Lockerheit zu achten. Der Schwimmer muss sich immer selbst analysieren und kontrollieren: Ist der Am locker und entspannt oder ist er verkrampft. Wenn Sie mit Kontraktion schwimmen, wird Ihr Schwimmstil nicht effizient sein.

Während der Unterwasserphase muss der Ellenbogen gebeugt werden, und man muss darauf achten, ihn möglichst hoch zu halten, das heißt immer höher als Hand und Handgelenk. Manchmal sieht man Einsteiger, bei denen sich das Handgelenk einen bestimmten Moment oberhalb des Ellenbogenniveaus befindet. Das ergibt eine kraftlose Bewegung und ist auf jeden Fall zu vermeiden.

Kombiniert mit der Körperrotation ergibt der hohe Ellenbogen eine effektive Bewegung, bei der die Schulter als Hebelpunkt dient; die Kraft dafür kommt aus der Brust- und Rückenmuskulatur. Das ist die Armbewegung mit dem besten Kraft-Leistungs-Verhältnis.

Bei tiefem Ellenbogen und schwächerer Körperdrehung neigt der Schwimmer dazu, hauptsächlich die Schultermuskeln für den Vortrieb zu nutzen – die sind aber schwächer als Brust- und Rückenmuskulatur. Wenn Sie beim Schwimmen ein Brennen in den Schultern spüren, dann liegt das wahrscheinlich an zu geringer Körperdrehung und zu tief liegendem Ellenbogen. Man muss verstehen, dass die Schultern allein nicht mit den großen Körpermuskeln in der Körpermitte rivalisieren können. Die Schultern sollten lediglich als Dreh- und Angelpunkt für die korrekte Armführung dienen, die Kraft kommt aus Brust und Rücken und in einem bestimmten Maß aus den Bauchmuskeln.

8• ZUGLÄNGE VERSUS GLEITPHASE

Es wurde gezeigt, dass die effizientesten Schwimmer in den allermeisten Fällen diejenigen sind, die mit großer Zuglänge (zurückgelegte Distanz je Zyklus) unterwegs sind, das bedeutet, die möglichst wenige Züge für eine gegebene Strecke benötigen. Von der Zuglänge ist es nur ein Schritt zur Gleitphase und das ist das Problem!

Manche leiten daraus ab, man müsse sich möglichst strecken, um lange zu gleiten, sodass man mit weniger Zügen auf derselben Strecke auskommt.

Doch im Wasser gleitet man eigentlich nicht. Man verliert zwischen den Zügen vielmehr an Geschwindigkeit wegen der großen Dichte des Wassers. Doch das sollte der Schwimmer möglichst vermeiden, denn erneutes Beschleunigen kostet mehr Energie, als die Geschwindigkeit beizubehalten. Manche Trainer meinen sogar, der schnellste Schwimmer wäre derjenige, der am wenigsten Tempo verliert, denn die höchste Geschwindigkeit hat man beim Kopfsprung vom Startblock und beim Abstoßen von der Beckenwand.

Um seine Zuglänge zu verbessern, sollte der Schwimmer eine exzellente Technik einsetzen und von den Vorteilen seiner Anatomie profitieren (im Wesentlichen von der Geschmeidigkeit seiner Gelenke, vor allem der Schultern, und von seiner Muskelkraft). Die Zuglänge ist stark mit dem Streckpotenzial der Schulter verbunden. Um das maximal zu nutzen, braucht man die Körperdrehung, aber auch die Bewegung der Arme vor und zurück: Die Schulter muss in der Unterwasserphase nicht nur unter die Wasseroberfläche tauchen, sondern auch möglichst weit nach vorn bewegt werden.

Die Gleitphase folgt unmittelbar auf die Armstreckung; der Schwimmer gleitet ohne reale weitere Körperbewegung; in dieser Phase verliert der Schwimmer an Tempo, man kann also gar nicht von Gleiten sprechen!

Der Schwimmer hat ein berechtigtes Interesse, Zuglänge zu suchen, ohne das Gleiten zu kompromittieren; es sei denn, es geht ihm um Freizeitschwimmen ohne Wettkampfcharakter.

Beim Golfspielen gibt es eine Weisheit: *Swing for fun and put for money,* heißt in etwa: Schlage zum Spaß und putte fürs Geld, und bezieht sich auf die beiden Hauptbewegungen beim Golf: den weiten Abschlag und das Putten auf dem Green. Diese Aufteilung kann man aufs Kraulen übertragen: Zuglänge und Frequenz für die Effektivität und Gleiten für den Spaß!

TIPPS UND TRICKS

• Beim Schwimmen im Becken können Sie sich an den Linien auf dem Boden orientieren, um einzuschätzen, ob Sie mit konstanter Geschwindigkeit unterwegs sind (stellen Sie sich vor, Sie würden einem Gegenstand folgen, der an einem Seil vor Ihrem Kopf hergezogen wird) oder ob Sie unregelmäßig schwimmen. Im ersten Fall arbeiten Sie mit einer guten Zuglänge, Kompliment! Im zweiten Fall haben Sie zu lange Gleitphasen, das ist weniger gut!

9• UND DER KRAFTEINSATZ?

Für einen guten und schnellen Schwimmstil braucht man

- horizontale Wasserlage
- gute Körperspannung
- gute Hydrodynamik
- gute Zuglänge

All das genügt aber nicht, auch ein gewisser Krafteinsatz ist notwendig. Dieser Krafteinsatz rührt von drei Faktoren her.

- **Das Hebelsystem aus Arm-, Schulter-, Brust- und Rückenmuskulatur.** Wie im Kapitel über den Vortrieb durch die Arme (S. 40) kommt ein großer Teil der Kraft aus der genannten Armbewegung, besonders wenn der Schwimmer mit Körperdrehung gut im Wasser liegt.
- **Der Einsatz hauptsächlich der Bauchmuskeln, aber auch der Muskeln im Lendenwirbelbereich.** Beim Golfen spricht man von der „power zone“. Der Schwimmer kann diese Zone perfekt nutzen, um seiner Armarbeit Kraft zu verleihen. Denken Sie daran, wie ein Golfspieler diesen Muskelbereich nutzt, um den Ball mit maximaler Geschwindigkeit zu schlagen. Das geschieht durch die Torsion. Dafür braucht der Schwimmer einen zweiten Punkt, auf den er sich stützen kann (neben Hand und Unterarm unter Wasser), um sich kinetische Energie zu verschaffen. Dieser zweite Faktor liegt im Bereich der Beine und in bestimmtem Maße des Beckens.
- **Der Beinschlag.** Der Einsatz der Beine ist auf den Sprintdistanzen fundamental, weniger auf den Langstrecken, jedoch auch dort nicht zu vernachlässigen.

Es ist das Zusammenwirken dieser Faktoren, insbesondere des ersten und zweiten, die es dem Schwimmer ermöglichen, Kraft zu entwickeln.

10• DER BEINSCHLAG

Der Beinschlag scheint eine einfache Sache zu sein, aber sobald man im Wasser ist, kommen manche nicht recht vorwärts oder schwimmen sogar „rückwärts“.

Der erste Grund dafür liegt in der Fußstellung und der Beweglichkeit des Fußgelenks. Wie in den folgenden Abbildungen gezeigt, ist der Beinschlag umso einfacher, je mehr die Füße gestreckt sind. Im Gegensatz dazu bewirken angezogene Füße (das heißt, die Fußspitzen weisen zum Beckenboden) das sogenannte Rückwärtsschwimmen. Sie kommen einfach nicht vorwärts, weil Sie sich selbst bremsen.

- **Position 1:** Der Winkel des Fußgelenks ist sehr weit geöffnet, der Fuß also ausgestreckt; das Wasser wird nach hinten weggetreten, ergo: der Beinschlag ist sehr effizient.
- **Position 2:** Der Fuß stellt nur fast eine Verlängerung des Beins dar. Das ist nicht sehr effizient, denn das Wasser wird nicht nur nach hinten, sondern auch nach unten gedrückt.
- **Position 3:** Ein Fuß im 90-Grad-Winkel wirkt als Bremse.

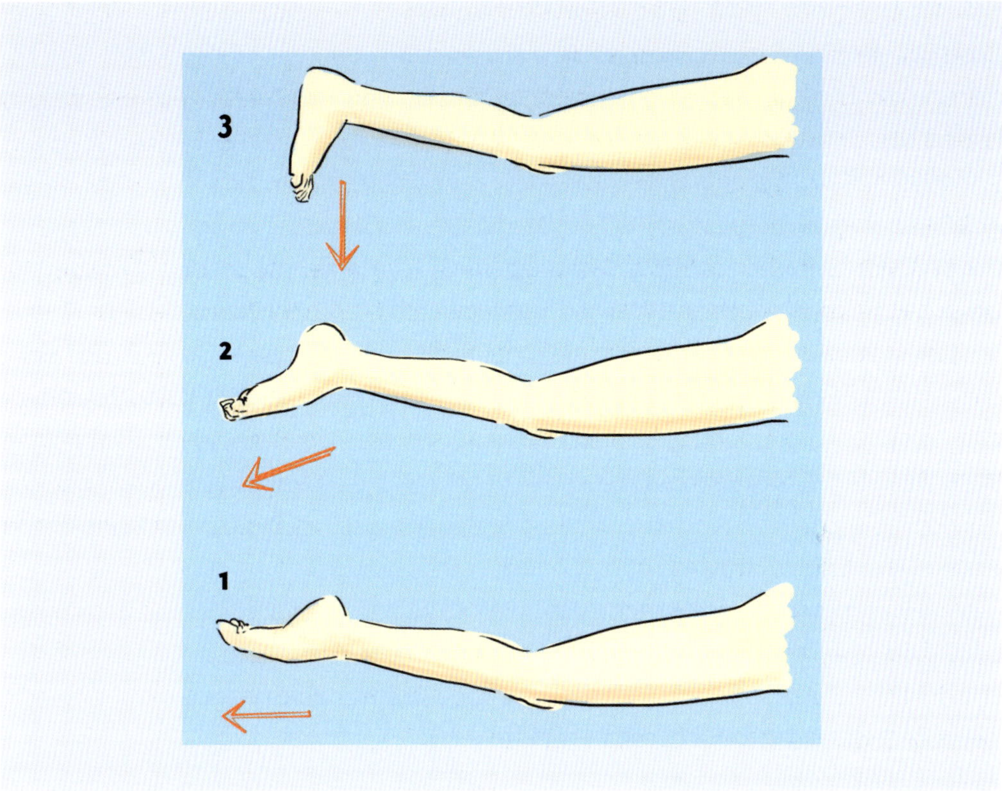

Einige Tipps für einen effizienten Beinschlag:

- Halten Sie das Bein maximal gestreckt, das garantiert den besten Vortrieb durch minimale Reibung. Doch ist das nur bei korrekter Fußstellung effizient.
- Der Krafteinsatz am Bein erfolgt während der Druckphase; das Anheben im entspannten Zustand der Beinmuskeln.
- Die gesamte Bewegung kommt aus der Hüfte.
- Versuchen Sie, die Höhe des Beinschlags zu begrenzen (als ob beide Fußgelenke durch ein kurzes Band verbunden wären) und arbeiten Sie mehr über die Frequenz. Vermeiden Sie, dass die Füße aus dem Wasser auftauchen.

Man kann schwerlich einen guten Beinschlag erwarten, wenn man pro Training nicht wenigstens ein oder zwei Bahnen „nur Beine" trainiert.

Eine Kontraktion der Beinmuskeln zur perfekten Streckung ist nicht erforderlich; es wäre sogar extrem kontraproduktiv. Indem Sie versuchen, die Beine relativ zu strecken, erhöhen Sie die Leistung des Beinschlags allgemein; umso wichtiger sind dafür ausreichend flexible Fußgelenke.

Die Bedeutung flexibler Fußgelenke

Einsteiger neigen zu einem Beinschlag mit übermäßig stark gebeugten Knien, was die Reibung der Oberschenkel erhöht und damit bremst. Und wenn dann noch eine falsche Fußstellung vorliegt, kann es zum sogenannten Rückwärtsschwimmen kommen.

Wenn das Fußgelenk den Spann nicht mindestens so strecken kann, wie es die Abbildung links zeigt, muss der Schwimmer die Knie leicht beugen, um einen effektiven Beinschlag zu erreichen. Doch das gebeugte Knie birgt eben das Problem höherer Reibung, was Geschwindigkeitsverlust und signifikant reduzierte Effizienz bedeutet.

Für einen optimalen Beinschlag brauchen Sie also sehr flexible Fußgelenke und maximal gestreckte Füße. Jede Streckung, die sich einem 180-Grad-Winkel zwischen Schienbein und Spann annähert, führt zu höherer Effizienz und merklicher Energieeinsparung. Die schnellsten Schwimmer in puncto Beinschlag erreichen eine vollständige Streckung.

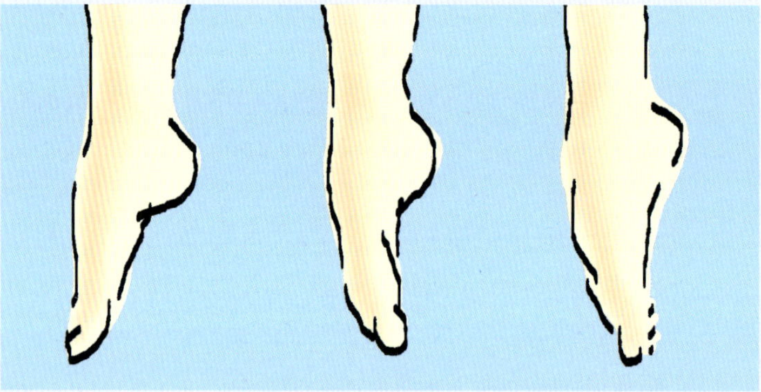

Je größer der Winkel der Fußstellung, umso effizienter der Beinschlag.

Nun muss man auch begreifen, dass die Kraft des Beinschlags eine Auswirkung auf den Fußgelenkswinkel haben kann. Bei einem starken Beinschlag mit entspanntem Fußgelenk kann der Wasserdruck rasch den Winkel um ein paar wertvolle Grad vergrößern. Das ist der Fall auf den Sprintstrecken, weniger auf den Langstrecken. So kann man schon bei den Mittelstrecken bei vielen Schwimmern einen verringerten, aber starken Beinschlag beobachten.

Falls Sie Ihren Beinschlag verbessern wollen, müssen Sie mit einem gezielten Stretchingprogramm an der Flexibilität Ihrer Fußgelenke arbeiten, wie es heute zahlreiche einschlägige Einführungen als Buch oder online anbieten.

Warum Beinschlag beim Kraulen?

Der Beinschlag erhöht die Schwimmgeschwindigkeit. Das hat hauptsächlich drei Gründe:

- **Sie liegen besser im Wasser.**

Durch den Beinschlag können Sie besser die horizontale Wasserlage einhalten: Das ist die unterstützende Rolle des Beinschlags. Ohne Beinschlag laufen Sie Gefahr, mit den Beinen abzusinken. Das wollen Sie ja vermeiden, und die Beine nicht hinter sich herziehen. In manchen Sportarten wie Freiwasserschwimmen oder Triathlon wird allerdings mit geringem Beinschlag geschwommen, zum Beispiel um die Beine für spätere Belastungen zu schonen.

- **Sie können Ihre Zuglänge erhöhen.**

Die Rolle des Beinschlags ist der Vortrieb. Das ist selbst im 2er-Rhythmus hilfreich, das heißt zwei Beinschläge pro Armzugzyklus. Wenn Sie den Beinschlag gut setzen, unterstützt das auch Ihren Armzug, weil es ihr Becken nach vorn schiebt. In Sachen Zuglänge können Sie mit dem beschriebenen Zweierrhythmus Energie sparen und einen oder zwei Armzüge auf 25 m einsparen (selbst bei einem schlechten Beinschlag). Durch jeden Beinschlag gewinnen Sie einige Zentimeter und das macht sich auf einer Bahnlänge bemerkbar. Konzentrieren Sie sich deshalb beim Beinschlag auf Ihr Vorankommen im Becken und zählen Sie Ihre Armzüge auf einer Bahnlänge.

- **Sie können eine konstante Geschwindigkeit beibehalten.**

Wenn Ihr Armzug Sie auf 3 km/h bringt, Ihr Beinschlag aber nur auf 1,5 km/h, dann kann das nicht in Ihrem Interesse sein. Physikalisch addieren sich die beiden Geschwindigkeiten leider nicht, es bringt Sie also nicht auf 4,5 km/h. Die Geschwindigkeit (und besonders die Kraftentwicklung) bleibt nicht die ganze Zeit konstant. Je nach Augenblick des Armzugzyklus ist die Kraftentwicklung höher oder geringer. Bei einem effizienten Beinschlag und **gutem Timing** im Verhältnis zum Armzug wird es möglich, konstant gleich schnell zu schwimmen.

Dieses gute Timing zwischen Armen und Beinen findet man ziemlich leicht intuitiv; es ist nicht sinnvoll, dieses intuitive Timing durch eine Analyse optimieren zu wollen, um Geschwindigkeitsverlust zu vermeiden.

Warum muss der Beinschlag aus den Hüften und nicht aus den Knien erfolgen?

Wenn wir verstehen wollen, was „aus der Hüfte“ bedeutet, müssen wir uns mit der Anatomie des Beckens beschäftigen und damit, wo das Bein wirklich „beginnt“.

Die meisten Leser denken bestimmt, das Bein beginnt am Becken. Das ist gleichzeitig richtig und falsch! Es ist richtig, wenn wir vom Beinknochen sprechen; es ist falsch, wenn man von den Muskeln spricht, die das Bein bewegen. Einer der Hauptmuskeln sitzt nämlich nicht im Bein, sondern im Becken und heißt Iliopsoas und gehört zu den Bauchmuskeln und zum Beckengürtel, der das Bein mit dem Rumpf verbindet. Der Iliopsoas besteht aus zwei Teilen: dem Psoas- und dem Iliakalmuskel (siehe Abb. unten).

Dieser Muskel ist fundamental wichtig (insbesondere zum Laufen), weil er am Heben des Beins beteiligt ist. Wenn wir vom Beinschlag sprechen, dann sprechen wir also nicht nur vom Bein bis zum Hüftgelenk, sondern auch von den Muskeln, die den Beinschlag bewirken. Man muss kein Physikexperte sein, um zu verstehen: Je länger das Bein in Bewegung ist, umso größer sind die Antriebskraft und die Amplitude des Beinschlags.

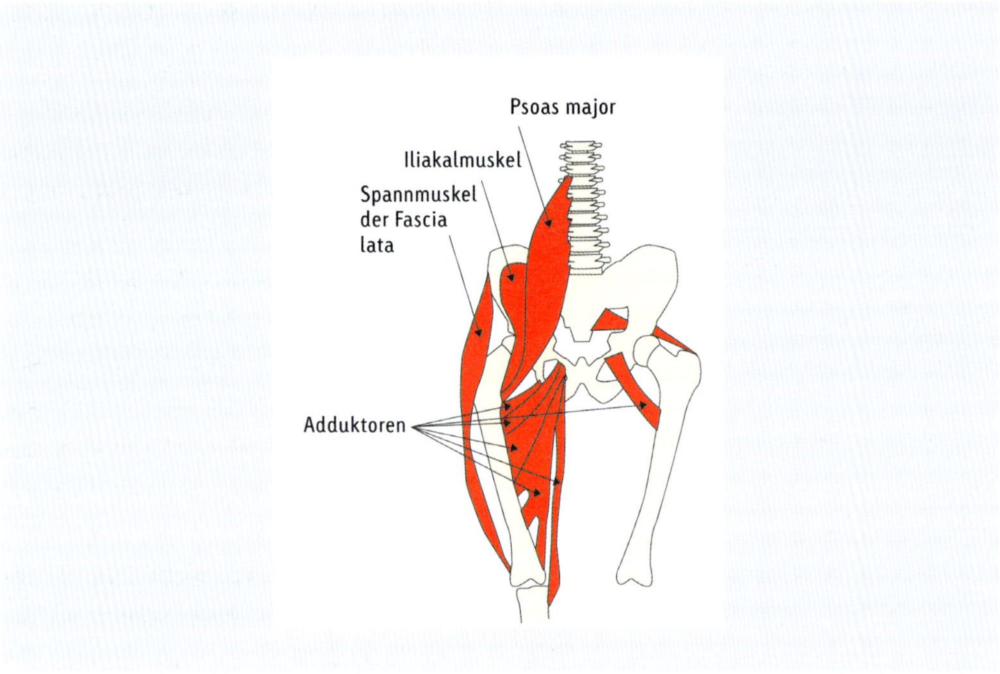

Stellen Sie sich beim Beinschlag vor, Ihre Beine würden nicht an den Hüften beginnen, sondern fast am Brustbein, und initiieren Sie die Bewegung dann von dort aus. Das bezieht die Hüften mit ein, bringt wahrscheinlich einen Leistungszuwachs und stärkt zudem als positiver Nebeneffekt Ihre Bauchmuskulatur.

Sprint versus Ausdauer

Der Langstreckenschwimmer zieht nur sehr wenig Vortriebskraft aus dem Beinschlag (oder gar keine). Sollte man den Beinschlag also ganz weglassen? Ganz und gar nicht, der Schwimmer sollte stets auf effizienten Beinschlag achten. Effizient bedeutet

- ein Beinschlag, der die horizontale Wasserlage verbessert
- ein Beinschlag, der den Schwimmer am wenigsten bremst
- ein Beinschlag, der bei der Körperdrehung hilft
- ein Beinschlag, der wenig Energie verbraucht

Doch auch wenn Sie ganz auf den Beinschlag verzichten, können Sie ein mittleres Niveau erreichen (besonders, wenn Sie einen Schwimmanzug tragen und im Freien schwimmen). Wenn Sie sich aber weiter verbessern wollen, ist die fehlende Beherrschung des Beinschlags ein Handicap. Also gilt es, sich so schnell wie möglich einen guten Stil anzugewöhnen.

Die vier Schlüsselelemente eines effizienten Beinschlags

1• **Der Beinschlag muss von der Hüfte ausgehen und nicht vom Knie.** Die Beine sind gestreckt zu halten. Sicher kann es während der Bewegung zu einer leichten Kniebeugung kommen, aber sie sollte nicht erzwungen werden. Zu starkes Beugen der Knie führt zu stärkerem Frontwasserwiderstand am Oberschenkel und bremst den Schwimmer.

2• **Sie müssen daran denken, mit ausgestreckten Fußspitzen und flexiblen Fußgelenken zu schwimmen.** Als Trick könnte helfen, dass die großen Zehen sich beim Beinschlag leicht berühren. Eine regelmäßige Dehnung der Fußgelenke kann vorteilhaft sein. Allzu oft sieht man Schwimmer, die den Fuß fast im rechten Winkel halten, was wie Bremsklappen wirkt. Selbst wenn man keinen Vortrieb anstrebt, müssen die Füße aus Gründen der Hydrodynamik gestreckt bleiben.

3• **Es gibt mehrere Beinschlagrhythmen.** 2er-, 4er- oder 6er-Zyklen (siehe Glossar), es gibt aber auch kompliziertere Rhythmen. Der Beinschlag dient vor allem dazu, einen ausbalancierten Schwimmrhythmus zu erreichen. Jeder Schwimmer muss da nach Wasserlage und angestrebten Stil seine eigene Lösung finden. Eine Grundregel besagt: Versuchen Sie, einen Beinschlag in dem Moment des Eintauchens des gegenüberliegenden Arms auszuführen.

4• **Achten Sie auf Ihre Empfindungen.** Versuchen Sie, den ganzen Weg des Beins durch das Wasser zu spüren. Dazu kann man die Fußspitzen leicht nach innen drehen, was eine größere Auflagefläche und somit mehr Vortrieb bewirkt. Das werden Sie feststellen, wenn Sie ein bisschen mehr Kraft in Ihren Beinschlag legen. Die Rückführung des Beins nach oben sollte ohne Anstrengung erfolgen.

Zu verbessernde Fehler und Mängel

• Ein zu weiter Beinschlag. Die Beine müssen im Kielwasser des Körpers bleiben, sonst bremsen sie den Schwimmer. Die Füße dürfen nicht tiefer sinken als der restliche Körper. Weniger schlimm, aber auch zu vermeiden: die Füße über den Wasserspiegel anheben oder zu sehr seitlich versetzt platzieren. Außerdem ist ein Beinschlag mit geringer Amplitude ökonomischer. Zur Eingewöhnung stellen Sie sich vor, ihre Füße wären durch ein kurzes Band verbunden.
• Mangelndes Beinschlagtraining. Es ist kein Geheimnis: Für einen effizienten Beinschlag muss man arbeiten. Das ist mühevoll, aber unumgänglich. Denken Sie beim Schwimmen daran, so oft wie möglich mit den Beinen zu schlagen. Zu häufiges Schwimmen mit Pull Buoy oder unbeweglichen Beinen macht das Erlernen des Beinschlags nur langwieriger und mühevoller. Ein effizienter Beinschlag muss eine natürliche Komponente Ihres Schwimmstils werden.
• Zu starke Kniebeugung und Beinschlag aus den Knie heraus. Das ist das beste Mittel, um eine Kraft entgegengesetzt der Schwimmrichtung zu kreieren; das geht so weit, dass man mit zu stark gebeugten Knien fast rückwärts schwimmt!

Sinnvoller Einsatz von Flossen

Für alle, die wirklich Probleme mit dem Beinschlag haben, können Flossen nützlich sein, um die Fußgelenke beweglich zu machen.

Ein Nachteil beim Einsatz von Flossen rührt im Wesentlichen daher, dass sie tendenziell eine nicht korrekte Ausführung der Beinbewegungen fördern und eine größere Biegung des Knies begünstigen. Mit Flossen, besonders mit großen Langflossen, kann man sich sehr schnell im Wasser bewegen – auch mit gebeugten Knien. Die große Fläche der Flosse und ihre Trägheit kompensieren die negativen Effekte der Kniebeugung. Dasselbe gilt für das Schwimmen mit Flossen und großer Amplitude: Die Flossen (besonders die langen) sind sehr effektiv, wenn man sie mit großer Amplitude nutzt, auch bei langsamen Beinschlag. Taucherflossen sind übrigens genau dafür gemacht. Bei kurzen Flossen, die extra für Schwimmer entworfen wurden, sind diese negativen Begleiterscheinungen glücklicherweise weniger signifikant.

Wenn Sie also mit Flossen Ihren Beinschlag verbessern wollen, sollten Sie die Empfehlungen auf Seite 44 bedenken (Beinschlag aus der Hüfte, geringe Amplitude, wenig Kniebeugung). Wählen Sie eher kurze Flossen (es sei denn, Sie würden den perfekten Bewegungsablauf nur mit den langen Flossen beherrschen) und trainieren Sie Ihren Beinschlag nicht ausschließlich mit Flossen.

11• DER SCHWIMMER – EIN FLIEGENDES OBJEKT MIT WECHSELNDER KÖRPERGEOMETRIE

Jeder Schwimmer ist ein schwebendes Objekt mit wechselnder Geometrie. Variable Körpergeometrie, weil dem Schwimmer je nach Lage des Körpers und seiner Extremitäten verschiedene Formen und Positionen im Wasser offenstehen, ein bisschen wie bei einem Flugzeug, das seinen Flugweg mittels Leit- und Höhenruder ändern und anpassen kann. Der Schwimmer kann so seine Lage in seinem Element, dem Wasser, beeinflussen (mehr oder weniger horizontal), sein Seitenrollen (mehr oder weniger zu einer oder anderen Seite), seine Frontfläche (mehr oder weniger gerade Streckung des Arms vor dem Körper oder auch die Platzierung der Füße und Beine mehr oder weniger in der Längsachse des Körpers oder auch durch Variation des Abstands zwischen Schulter und Gesicht etc.).

Die Instrumente für diese Anpassungen sind:

- Kopf
- Arme
- Beine

Das Hauptziel eines Kraulschwimmers ist es immer, möglichst waagerecht an der Wasseroberfläche zu schwimmen – für diesen Zweck wollen wir uns diese variable Geometrie nutzbar machen.

Wie ich zu Beginn des Buchs bereits erklärte, ist die horizontale Wasserlage stets in Gefahr, weil einerseits die Schwerkraft auf den Körperschwerpunkt wirkt, andererseits die Archimedes-Kraft auf den Auftrieb. Diese beiden Kräfte wirken nicht auf dieselben Körperpunkte, was den Schwimmer in eine prekäre, weil instabile Gleichgewichtslage bringt. Bleibt der Schwimmer passiv, so hat sein Körper die Tendenz, sich aufzurichten, weil seine Beine unerbittlich nach unten gezogen werden.

Um das zu vermeiden, muss man mit Armen und Kopf dagegen arbeiten (in allen Sinngebungen des Begriffs „Kopf“).

1• Der Kopf: Zur Vermeidung einer aufrechten Schwimmhaltung halten wir das Kinn nahe der Brust mit dem Blick in Richtung Beckenboden, da das uns leichter in die Horizontale bringt. Das soll nicht heißen, man könnte nicht auch gut mit leicht aufgerichtetem Kopf schwimmen, doch für alle, die sich um ihre horizontale Wasserlage sorgen, empfiehlt sich eher die Haltung wie beim aufrechten Gehen an Land, wo wir ja auch nicht in die Sterne gucken, sondern gerade voraus.

2• Die Arme: Auch die Arme spielen eine entscheidende Rolle für die Wasserlage. Dafür brauchen wir die variable Körpergeometrie und dürfen nicht zögern, mit dem Winkel zwischen den **Armen** und der Wasseroberfläche zu spielen, wenn der Arm vor uns im Wasser liegt.

Also muss der Kraulschwimmer, ob nun Einsteiger oder ermatteter Athlet, dessen Beine absinken, jedes Interesse daran haben, die Arme nicht horizontal vor sich auszustrecken, sondern eher die Schulter im Bereich des Kinns zu platzieren und die Arme im Winkel von 20 bis 30 Grad unter der Wasseroberfläche vor sich auszustrecken. Dadurch heben sich Becken und Beine ganz natürlich an die Wasseroberfläche.

Machen Sie den Test: Lassen Sie sich in diese Position gleiten, der Körper leicht auf die Seite gedreht (wie bei der Körperdrehung beim Kraulen). Sie werden spüren, wie die Archimedes-Kraft auf ihr Becken und die Beine wirkt und sie anhebt. Sobald Sie dieses Gleichgewicht besser beherrschen, können Sie versuchen, den ausgestreckten Arm wieder in Richtung Horizontale zu bewegen. Zögern Sie nicht, diesen Winkel einzunehmen, auch wenn sich Erschöpfung einstellt; diese Übung macht Ihre Kraulzeiten vielleicht etwas weniger schnell, ganz bestimmt aber weniger ermüdend.

Ein anderer Tipp für erfahrene Kraulschwimmer: Halten Sie den Ellenbogen in der Rückholphase hoch genug in die Luft, das hilft dabei, den Schwimmer höher über Wasser zu halten, als wenn der Ellenbogen zu schnell wieder in den Fluten versinkt. Denn über Wasser ist man schneller unterwegs als im Wasser (weil der Luftwiderstand geringer ist als der Wasserwiderstand).

Die Platzierung der **Schulter** in der Luft hat noch aus einem anderen Grund große Wichtigkeit (siehe Kapitel 12).

3• Die Beine: Wir brauchen beim Kraulen zumindest einen leichten Beinschlag zur Stabilisierung, damit die Beine an der Wasseroberfläche bleiben und wir sie nicht wie einen Schleppanker hinter uns herziehen (siehe Kapitel 10).

12• DIE ROLLE DER SCHULTER

Die Schulter spielt beim Kraulen eine sehr wichtige Rolle, und zwar mindestens aus drei Gründen:

- Die Schulter ist der Haupthebelpunkt zwischen Rumpf und Armen.

• Von der Platzierung der Schulter hängt auch die gute Lage des Schwimmers im Wasser ab und die Zuglänge seiner Bewegungen.
• Die Schulter stellt ganz wie der Kopf einen wichtigen Teil der Frontfläche dar, die der Schwimmer dem Wasser entgegensetzt.

Zur Optimierung des Kraulstils und für effiziente Bewegungsabläufe bietet die Schulter also drei Eigenschaften, von denen wir profitieren können.
• **Der Kraulschwimmer muss versuchen, seine Schulter vorzuschieben.** Damit wird auch der Hebelpunkt vorverlagert, was eine größere Zuglänge ermöglicht. Die einfache Tatsache der vorgeschobenen Schulter lässt ihn bei jedem Armzug einige Zentimeter gewinnen.

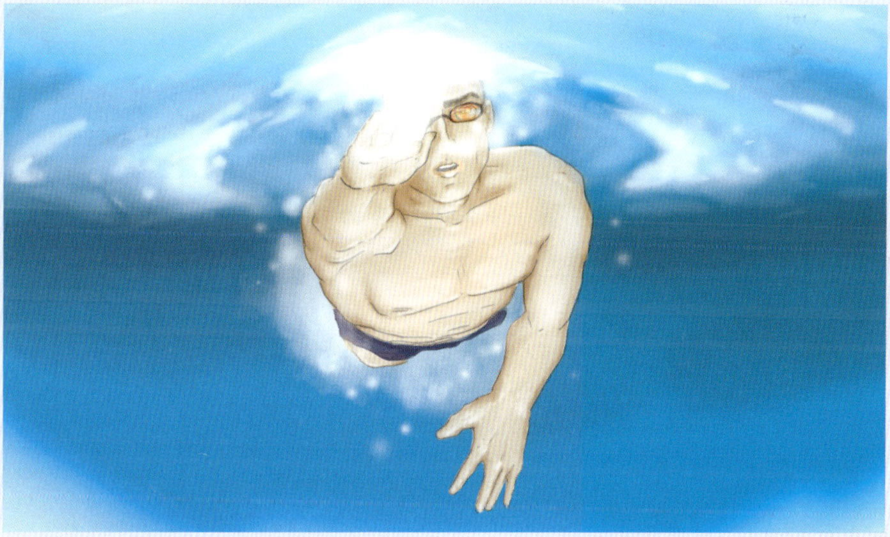

Der Kraulschwimmer muss seine Schulter nah ans Gesicht bringen, und zwar zwischen Ohr und Kinn.

• **Bei diesem Vorwärtsdrang sollte der Schwimmer beim Kraulen stets versuchen, die Schulter nahe ans Gesicht zu bringen.** In dem Maße, in dem das Schulterblatt den Kopf des Schwimmers verdeckt, verringert sich die Angriffsfläche des Wassers – stellen Sie sich eine Sonnen- oder Mondfinsternis vor, bei der zwei Flächen sich voreinanderschieben. Für die perfekte Hydrodynamik muss man nicht nur an die vorgeschobene Schulter denken, sondern sie auch noch in Richtung Kinn vorschieben (und sie nicht in Ohrhöhe hängen lassen, wie es normalerweise der Fall ist, wenn wir im Stehen an Land den Arm nach oben strecken). Die Schulter muss sich dem Gesicht zwischen Ohr und Kinn nähern. Beobachten Sie, wie die Spitzenschwimmer in der Lage sind, dies zu vollbringen, auch in der Druckphase und insbesondere wenn die Hand sich lotrecht unter der Schulter befindet. Das verlangt eine große Bewegungsgeschmeidigkeit. Amateurschwimmer werden jedes Interesse daran haben, wachsam auf die Stellung der Schulter zu achten, ohne sich mit Gewalt in die extremen Stellungen der besseren Schwimmer zu begeben (schon wegen des Verletzungsrisikos). Wenn Sie es schaffen, die Schulter nah am Gesicht zu halten, reduzieren Sie schon Ihre frontale Angriffsfläche und Ihr Kraulstil hat bereits beträchtlich an Effizienz zugenommen: Sie können mit einem geringeren Krafteinsatz eine gegebene Zeit im Becken erreichen.

Das Defizit des Breitensportlers

Einsteiger haben die Tendenz, die Schulter in dem Moment, wenn der Arm ins Wasser eintritt, nah am Ohr zu platzieren. Dann sinkt die Schulter mit dem Arm im weiteren Verlauf der Bewegung ab, was zur Folge hat, dass sich der Raum zwischen Schulter und Kopf (grob der Schlüsselbeinbereich) öffnet. Dieser offene Bereich bremst den Schwimmer, denn schon einige Quadratzentimeter mehr oder weniger an der frontalen Anströmfläche des Schwimmers haben große hydrodynamische Auswirkung. Das darf man nie vergessen!

Für Fortgeschrittene und Wettkampfschwimmer

Bei Athleten auf sehr hohem Niveau bleibt die Schulter während der ersten Hälfte des Unterwasserwegs des Arms nahe beim Gesicht; dann gerät die Schulter während der zweiten Hälfte des Wegs hinter den Kopf, bevor sie wieder auftaucht. Die Schulter bleibt also erfolgreich so nah wie möglich am Körper des Athleten – während des gesamten Armzugzyklus. Und: Der Schwimmprofi ist in der Lage, in weiter Geste, seine Schulter quasi über die Welle zu erheben, die er selbst durch seinen Vortrieb produziert (wir nennen sie „Bugwelle“). Der Einsteiger oder mittelschnelle Schwimmer neigt hingegen dazu, sie in dieser Bugwelle zu versenken. Wenn man aus hydrodynamischer Sicht effizient kraulen will, dann muss es einem sehr daran gelegen sein, die Schulter so lang wie möglich aus dem Wasser herauszuhalten. Denn so machen es die Profis, dank der Beweglichkeit ihrer Schultern, der Beherrschung der Körperrotation und einem sehr guten Timing ihrer Armzugzyklen. Diese Technik, die Schulter auf der Bugwelle „reiten“ zu lassen, ist schwer zu erlernen; Einsteiger und Mittelklasseschwimmer brauchen erst gar nicht zu viele Gedanken daran zu verschwenden.

13• CATCH – DAS WASSERGREIFEN

„Catch“ ist der Moment, in dem der Arm beginnt, Wirkung auf das Wasser auszuüben, indem man das Wasser greift (*to catch* heißt auf Englisch greifen). Wie bewerkstelligt man diesen Übergang am besten?

Ein gutes **Wassergreifen** erfordert zunächst einmal eine gute Wasserlage des Schwimmers/der Schwimmerin (Bauch, Rücken, Schulter, Arm und Hand).

Die Armmuskeln müssen angespannt werden und einen guten Winkel bilden, wenn Sie auf die Wasseroberfläche treffen. Ein zu flacher Winkel ist wenig effizient, selbst wenn wir trotzdem noch eintauchen. Idealerweise erfolgt das Eintauchen, wenn die Verlängerung der Hand leicht in Richtung Beckengrund weist und sich das über Unterarm und Schulter fortsetzt; das ermöglicht das beste **Wassergreifen**.

Häufig unterlässt ein Schwimmer im Streben nach horizontaler Wasserlage diese gerade Linie und neigt zu einer hohen Schulter und Hand, also einer gebrochenen Linie: Dann erfolgt kein guter **Catch**, weil die Muskeln nicht richtig zusammenarbeiten.

Der berühmte **Catch** ist nicht so sehr eine Frage eines guten Wassergefühls, als vielmehr einer guten Positionierung der beteiligten Muskeln. Bei einer schlechten Muskelplatzierung gleitet die Hand ziemlich wirkungslos durchs Wasser; im Gegenteil: bei guter Platzierung kann man sich wie an einem Seil durchs Wasser ziehen.

TIPPS UND TRICKS

• Üben Sie nach dem Vorbild des Hais (mit einem Brett zwischen den Beinen) (siehe S. 112) oder alternativ mit einem Pull Buoy, um sich ganz auf die Empfindungen der Arme konzentrieren zu können.

• Im Moment des Armausstreckens versuchen Sie, einige Armzugzyklen lang mit der Schulter nahe am Ohr und der Hand an Wasseroberfläche, dann einige Zyklen mit der Schulter an der Wange und dem Arm leicht in Richtung des Schwimmbeckenbodens.

• Dann achten Sie auf die unterschiedlichen Empfindungen beim Aufschlagen des Arms auf das Wasser. Sobald Sie die richtige muskuläre Ausrichtung gefunden haben, wird auch das Wassergreifen leichter fallen.

- Es ist wichtig zu begreifen, dass nicht nur die Hand aufs Wasser aufschlägt, sondern auch der Unterarm und dann der Oberarm!
- Ein weitere sehr sinnvolle Übung ist das Schwimmen mit geschlossenen Fäusten. Das zwingt Sie, mit dem gesamten Arm Vortrieb zu erzeugen und nicht nur mit den Händen.
- Alternativ können Sie auch einen Ball in der Hand halten oder alternativ sogenannte Anti-Paddles (zum Beispiel PT-Paddles von Finis), die speziell entworfen wurden, um den Aufprall der Hand auf die Wasseroberfläche zu unterdrücken (siehe S. 127).

Die Phasen des Catch

- **Phase 1:** Die Hand, dann der Ellenbogen treffen das Wasser. Dabei ist die richtige Reihenfolge wichtig: erst die Hand, dann der Ellenbogen (man stelle sich vor, der Arm käme erst später nach und tauchte in das von der Hand vorgeformte Loch in der Wasseroberfläche, in dem sich auch der Ellenbogen schon befindet), dann die Armstreckung mit korrekter Ausrichtung von Schulter, Ellenbogen, Handgelenk.

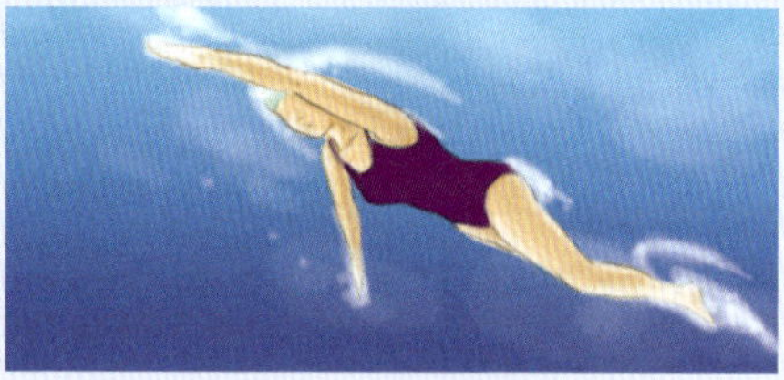

- **Phase 2:** Die Hand beginnt, das Wasser zu greifen; die Angriffsreihe von Schulter bis Ellenbogen ist quasi unverändert.

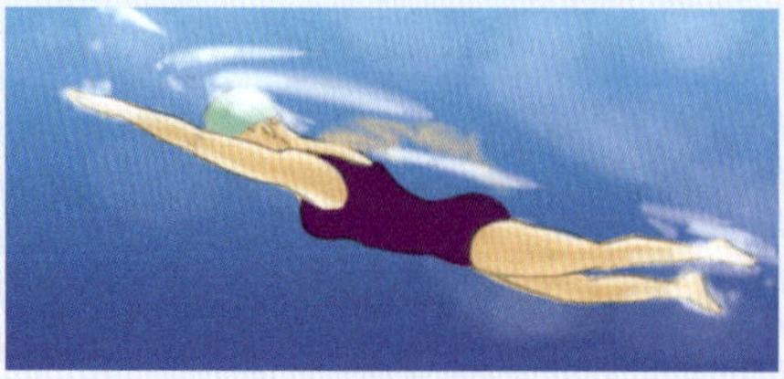

• **Phase 3:** Der Ellenbogen dreht sich leicht nach innen; Hand und Unterarm beginnen nach hinten zu drücken.

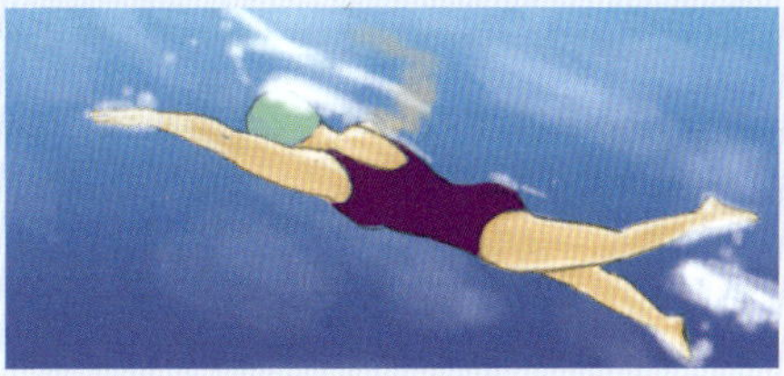

• **Phase 4:** Der Ellenbogen wird gebeugt; dadurch kommt der Bereich Hand/Unterarm in die optimale Stellung, um nach hinten zu drücken. Die Druckphase kann beginnen.

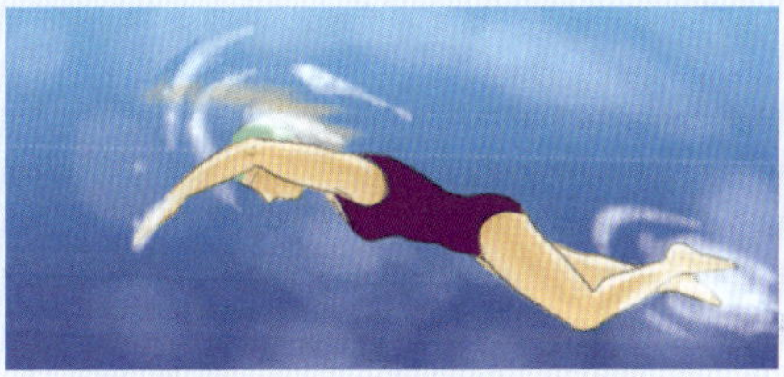

Auf das Wassergreifen kommen wir später nochmals zurück.

14• DER UNTERWASSERWEG DER HAND

Der Unterwasserweg der Hand und des Arms ist eine Bewegung, die sich jeder Schwimmer individuell, passend zu Geschwindigkeit, Technik und Schwimmstil, erarbeiten muss. Es gibt keinen idealen Unterwasserweg der Hand. Während einige für die S-Form der Hand plädieren, sprechen andere von einem I. Die Wahrheit liegt, wie so oft, am ehesten zwischen den beiden Alternativen.

Aus vielerlei Gründen, von denen einige im weiteren Verlauf noch zur Sprache kommen werden, glaube ich, dass es falsch wäre, unser Vorankommen im Wasser speziell am Einsatz der Hände festzumachen. Meines Erachtens ist es besser, einige große allgemeine Prinzipien zu beachten, um sich unter Wasser effizient zu bewegen; die endgültige Form unserer Unterwasserbewegung ist gar nicht so wichtig; sie ist nur das Ergebnis der Anwendung dieser Prinzipien. Sich nur auf unsere Unterwasserbewegungen zu konzentrieren, hieße das Pferd von hinten aufzuzäumen.

Modernes Schwimmen erfolgt nach dem Hauptprinzip von „Aktion/Reaktion". Einfacher ausgedrückt, beruht es auf dem physikalischen Prinzip: Durch Rückstoß kommt man auch im Wasser vorwärts. Die Vorherrschaft des australischen Kraulstils (wie ihn insbesondere Ian Thorpe, Grant Hackett etc. praktizieren) beruht auf hohem Ellenbogen und den frühen senkrechten Auswirkungen unter Wasser.

Erstes Prinzip: Finden Sie die Senkrechte!

Das Hauptziel, unter Wasser Wassermengen in entgegengesetzter Richtung zu unserm Vorankommen zu bewegen: Wenn wir nach vorn schwimmen wollen, müssen wir Wasser nach hinten bewegen.

Dafür müssen wir so bald wie möglich zuerst die Hand, dann Unterarm und gesamten Arm senkrecht zu unserer Schwimmrichtung eintauchen.

Diese Regel hat den Vorteil, dass sie durch Einfachheit überzeugt, doch die reale Umsetzung ist nicht ganz so einfach, wie es scheint.

Hand und Arm haben nämlich die natürliche Tendenz, sich in einem Bogen oder Halbkreis zu bewegen mit der Schulter als Rotationsachse. Außerdem neigen Einsteiger dazu, zuerst das Wasser nach unten und dann nur 75 Prozent nach hinten zu drücken, bis der Arm schließlich eine 100 Prozent senkrechte Stellung unter der Schulter erreicht.

So kann keine optimale Bewegung der Wassermassen nach hinten erreicht werden. Um das zu erreichen, muss der Schwimmer **zuerst das Handgelenk, dann den Ellenbogen** beugen. So kann er oder sie Hand und Unterarm schon senkrecht zur Bewegungsrichtung anwinkeln, bevor die Hand senkrecht unter der Schulter steht. Weil so mehr Wasser nach hinten bewegt wird, steigen Leistung und Effizienz.

Zweites Prinzip: Hohe Schulterhaltung während der gesamten Unterwasserbewegung!

Darunter ist zu verstehen, dass der Ellenbogen die ganze Zeit höher als die Hand und näher an der Wasseroberfläche zu halten ist. Je besser der Schwimmer eine gute Technik beherrscht und je höher die Gelenkigkeit im Bereich der Schulter ist, umso leichter gelingt es ihm, den Ellenbogen nah an der Oberfläche zu halten.

Warum? Der erste und offensichtliche Grund: Man kann dadurch länger auf die Wasseroberfläche drücken und der Arm bewegt sich lotrecht zur Schwimmrichtung. Wenn man den Arm mit einem Ruder vergleicht, wird klar: Je länger man mit dem Ruder Wasser hinten entgegen der Fahrtrichtung bewegen kann, umso schneller ist man unterwegs (dank des einfachen physikalischen Gesetzes von Aktion und Reaktion). Dabei darf nie vergessen werden, dass der Hauptgegner beim Schwimmen die Frontfläche ist – wie die Aerodynamik beim Autofahren. Je kleiner die Frontfläche des Schwimmers, umso besser ist sein Gleiten durchs Wasser (Hydrodynamik). Auch die hohe Schulter ab dem Beginn der Unterwasserbewegung führt zu einer sofortigen Verringerung dieser Frontfläche. Die sehr frühe Beugung des Ellenbogens ermöglicht es nämlich, Bizeps und Trizeps horizontaler zu halten, als es sonst der Fall wäre. Diese Technik ist unter dem Namen „Early Vertical Forearm“ (EVF) bekannt und wird von den besten Schwimmern über 200 Meter und mehr unserer Zeit (z. B. Yannick Agnel, Camille Muffat etc.) angewandt. Bei perfekter Ausführung kann EVF die Hydrodynamik beträchtlich verbessern.

Bemerkung: Der hohe Ellenbogen hängt mit der Körperrotation zusammen. Zu Beginn der Bewegung ist die Schulter noch eingetaucht (durch die Körperrotation), also liegt der Ellenbogen hoch im Vergleich zur Schulter, wenn auch nicht unbedingt nahe der Oberfläche. Erst anschließend, wenn der Schwimmer sich auf die andere Seite wälzt, kommt die Schulter an die Oberfläche und der Ellenbogen nähert sich der Oberfläche.

Aus eher konservativer Sicht kann man dem Schwimmer raten, seine Hand nahe der Vertikalen zu positionieren, die seine Schulter auf der Eintauchseite bildet, wie die folgende Abbildung zeigt (die punktierte Linie verbildlicht die Vertikale zwischen Schulter und Beckenboden).

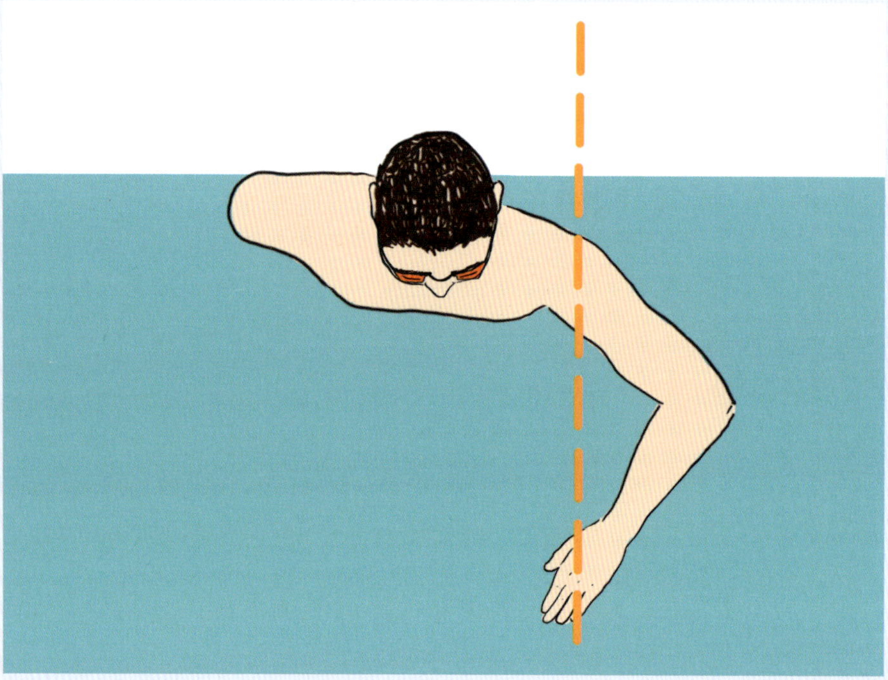

Ein guter Ansatz ist es, die Handfläche unter der Lotrechten der Schulter zu bewegen.

Schwimmer, die diese Technik der hohen Schulter betonen, führen ihre Hand manchmal sogar außerhalb dieser Linie. Jeder muss die Position herausfinden, in der er bzw. sie den besten Druck auf das Wasser ausüben kann, ohne die Schulter zu überlasten.

Die Technik der hohen Schulter bietet Vorteile:

- Eine größere Auflagefläche für den Transport der Wassermassen nach hinten (wäre der Ellenbogen nicht gebeugt, würde der Schwimmer das Wasser genauso nach unten drücken wie nach hinten)
- Reduzierung die Reibungskräfte am Oberarms, da dieser sich profilierter durchs Wasser bewegt

Dazu muss man wissen, dass an den Armen geschätzte 40 Prozent der gesamten Reibung entstehen; deshalb ist es so wichtig, die Arme optimal zur Reibungsverminderung zu platzieren. Die sehr frühe vertikale Platzierung des Unterarms trägt dazu bei (siehe Abb. S. 61).

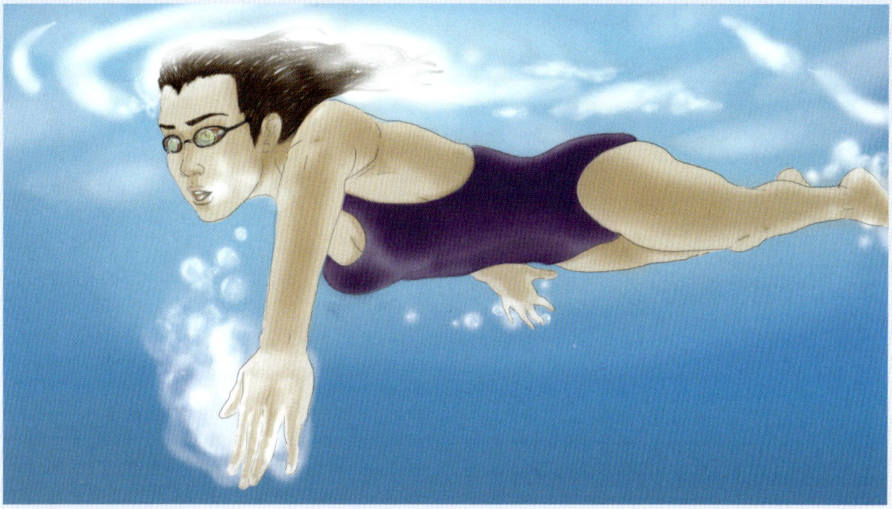

Wenn der Ellenbogen gebeugt ist (auf der Abbildung oben extrem), gelingt die Wassermassenverlagerung leichter nach hinten als nach unten. Darüber hinaus setzt der Oberarm dem anströmenden Wasser viel weniger Widerstand entgegen, was die Reibung verringert.

15• DIE RÜCKFÜHRUNG DES ARMS ÜBER WASSER

Die Rückführung des Arms nach vorn ist eine Schlüsselphase beim Kraulen. Die anzustrebende Bewegung besteht aus einem fast kompletten Kreisbogen des Ellenbogens um die Schulter.

Besonders bei Einsteigern und Hobbyschwimmern ist es eine weitverbreitete Methode, den Bogen in dem Moment zu stoppen, in dem der Ellenbogen sich senkrecht über der Schulter befindet, um dann mit dem Ellenbogen eine Gerade durchs Wasser zu ziehen. Der Ellenbogen ragt daher seitlich aus dem Körper heraus und beschreibt einen einfachen Kreisbogen, wobei der Unterarm aber möglichst lotrecht unter dem Schwimmer geführt wird. Der Bogenkreis ist der Schlüssel zu einer guten Armrückführung.

Oft wird geraten, die Hand während der Armrückführung niedriger zu halten als den Ellenbogen. Das ermöglicht eine bessere Entspannung des Arms und eine Führung der Hand nahe der Körpermittellinie. Einsteiger neigen dazu, die Hand nach außen zu werfen, was eine Art Winken oder Wedeln verursachen kann. Einige sehr gute Schwimmer dagegen beherrschen ihren Körper so perfekt, dass sie das Wedeln vermeiden und sich dennoch eine geringere Beugung der Arme erlauben können (dabei haben sie die Hand in Höhe des Ellenbogens oder sogar darunter, wenn der Arm angespannt ist).

Wenn der Ellenbogen einen kompletten Kreisbogen beschreibt, hat das mehrere Vorteile:

- Die Arme können von der Trägheit profitieren: Das Gewicht der Arme dreht sich um die Schulter und bringt den Schwimmer bzw. die Schwimmerin weiter vorwärts, als wenn der Ellenbogen schneller wieder eintauchen würde.
- Die Distanz, die der Arm außerhalb des Wassers zurücklegt, erhöht sich. Die Hand taucht weiter vorn ein. Falls der Ellenbogen schnell wieder eintaucht, nachdem er die Vertikale der Schulter passiert hat, neigt der Arm dazu, flacher ins Wasser zu gleiten, und der Unterwasserweg nach vorn wird länger.
- Eine Gewichtsverteilung weiter nach vorn wird möglich und erleichtert eine bessere Platzierung von Becken und Beinen.

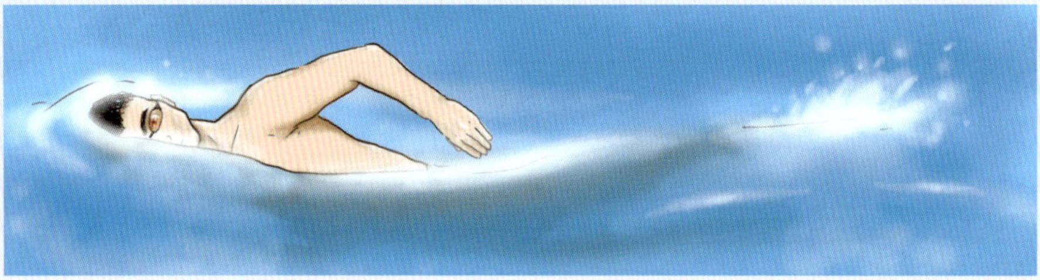

Die Hand kommt in der Nähe der Hüfte aus dem Wasser.

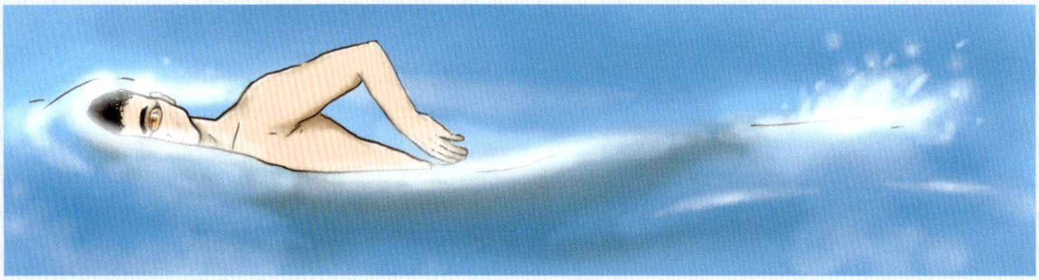

Der gebeugte Ellenbogen bestimmt die Rückführung des Arms nach vorn, während die Hand dicht beim Körper bleibt.

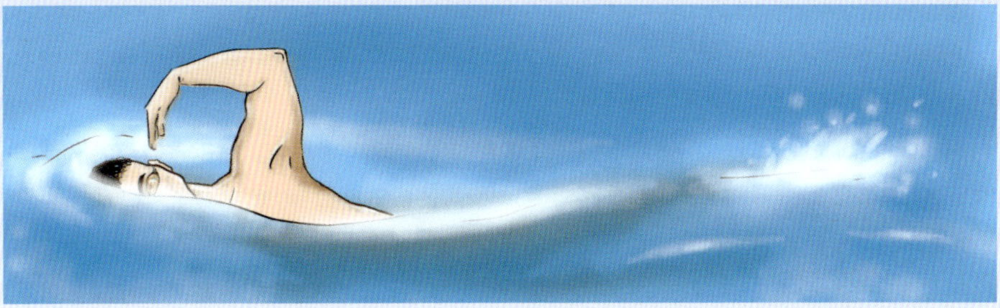

Die Hand folgt einem Kreisbogen und passiert die Schulter, der Ellenbogen ist stark gebeugt, um sich dann dem Kopf zu nähern.

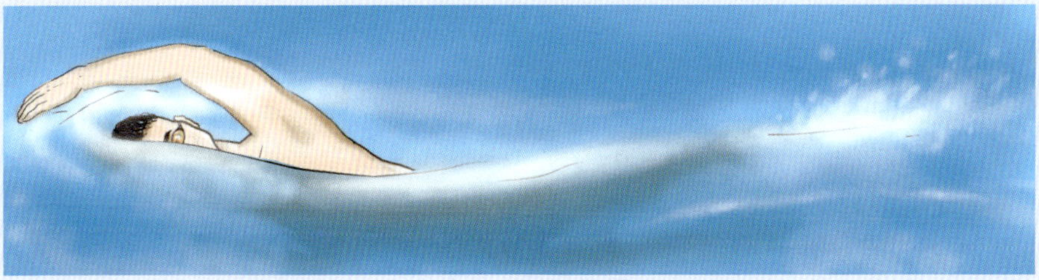

Die Hand taucht nicht neben dem Kopf, sondern weit davor wieder ins Wasser, der Ellenbogen bildet dabei einen weit offen Winkel.

Wenn man sich auf diesen Kreisbogen konzentriert, gewinnt man sofort an Zuglänge (an zurückgelegter Distanz je Zyklus) und gleichzeitig an Leistung, weil der Weg, den der Ellenbogen in der Luft nach vorn zurücklegt, den Schub des Unterwasserarms nach hinten unterstützt.

16• WASSEREINTRITT VON HAND UND ARM

Am Ende der Rückholphase über Wasser müssen Hand und Arm natürlich wieder ins Wasser eintauchen. Auch diese Phase ist hochbedeutsam, weil wie immer beim Kraulen alle Körperteile involviert sind. Also hat auch der Rückholweg des einen Arms durch die Luft Auswirkungen auf den anderen Arm, der zu diesem Zeitpunkt vollen Druck unter Wasser ausübt.

Um diesen Armzyklus erfolgreich abzuschließen, empfehle ich, zuerst mit der Hand die Wasseroberfläche zu durchstoßen (mit leicht gebeugtem Ellenbogen), dann taucht der Ellenbogen ein - es macht den Eindruck, als würde der Ellenbogen in das Loch schlüpfen, das die Hand im Wasser geformt hat. Dann, sobald auch die Schulter im Wasser ist, strecken Sie den angespannten Arm unter Wasser vor sich aus (etwa 20 cm unter der Oberfläche).

Von immenser Bedeutung ist die Reihenfolge des Wassereintritts: Erst die Hand, **dann** der Ellenbogen. Ein häufiger Fehler besteht im gleichzeitigen Wassereintritt von Hand und Ellenbogen, oder sogar Ellenbogen vor der Hand! In diesen Fällen wird der Schwimmer dazu neigen, den Arm zu nah an der Oberfläche auszustrecken, was ganz allgemein das Becken schwächt und dadurch wie eine Bremse wirkt. Darüber hinaus kostet das eine Menge Kraft beim Wassereintritt des Arms (denn die Gravitationskraft des Arms, der in das Wasser hineinstößt, ist einer der leistungsbestimmenden Faktoren beim Schwimmen).

Durch Beachtung der Reihenfolge Hand-Ellenbogen begünstigt der Schwimmer natürlicherweise das Rollen der Schultern. Durch die Umsetzung des Bildes, dass man mit dem Ellenbogen durch das Loch schlüpfen möchte, das die Hand geformt hat, wird ein Senken der Schulter erzwungen; anschließend erfolgt automatisch die Armstreckung mit dem Abschluss der Rollbewegung. Zögern Sie anfangs nicht, die Bewegung langsam einzustudieren, um sie sich besser merken zu können.

Für alle, die schnell und mit hoher Frequenz schwimmen wollen, wird es schwieriger sein, die Reihenfolge Hand-Ellenbogen einzuhalten, doch sie sollten trotzdem darauf achten. Darüber hinaus zeigen sich die vorteilhaften Auswirkungen dieser Reihenfolge Hand-Ellenbogen-Schulter-gestreckter Arm auch bei der Arbeit des anderen Arms, der ausgeglichener Druck aufs Wasser ausüben kann.

• **Erste Phase:** Eintritt der Hand ins Wasser (der Arm ist leicht gebeugt).

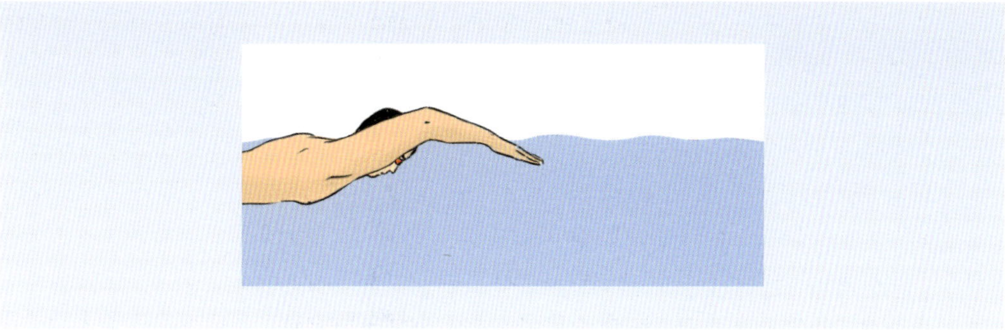

• **Zweite Phase:** Eintritt der Schulter ins Wasser (suchen Sie nach dem Gefühl, in das Loch zu schlüpfen, das die Hand im Wasser geformt hat).

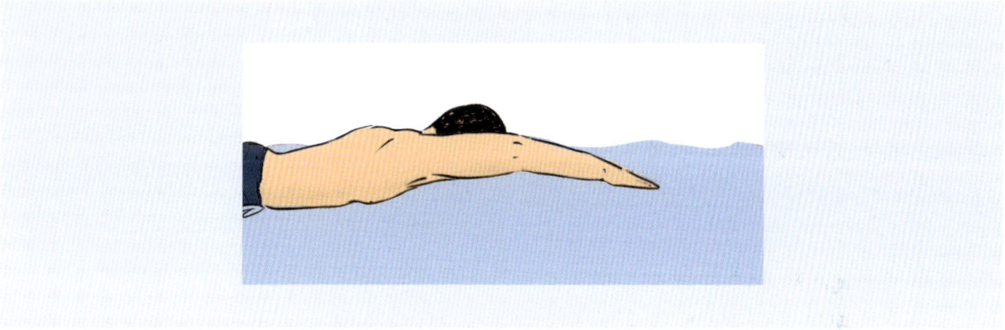

• **Letzte Phase:** Ausstrecken des Arms unter Wasser mit Vorschub der Schulter (siehe S. 52, Punkt 12: Die Rolle der Schulter).

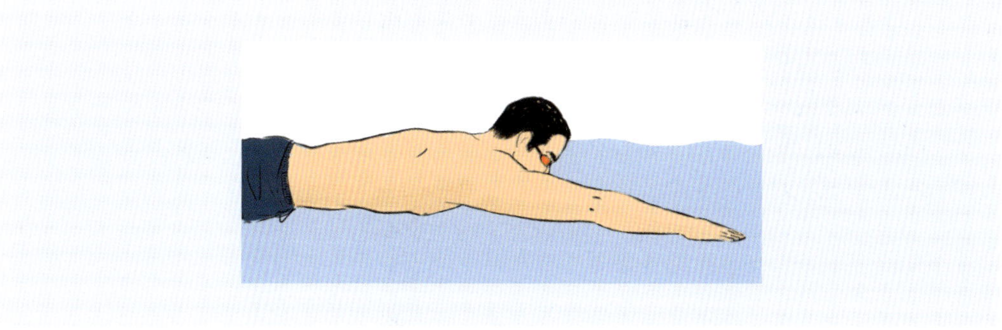

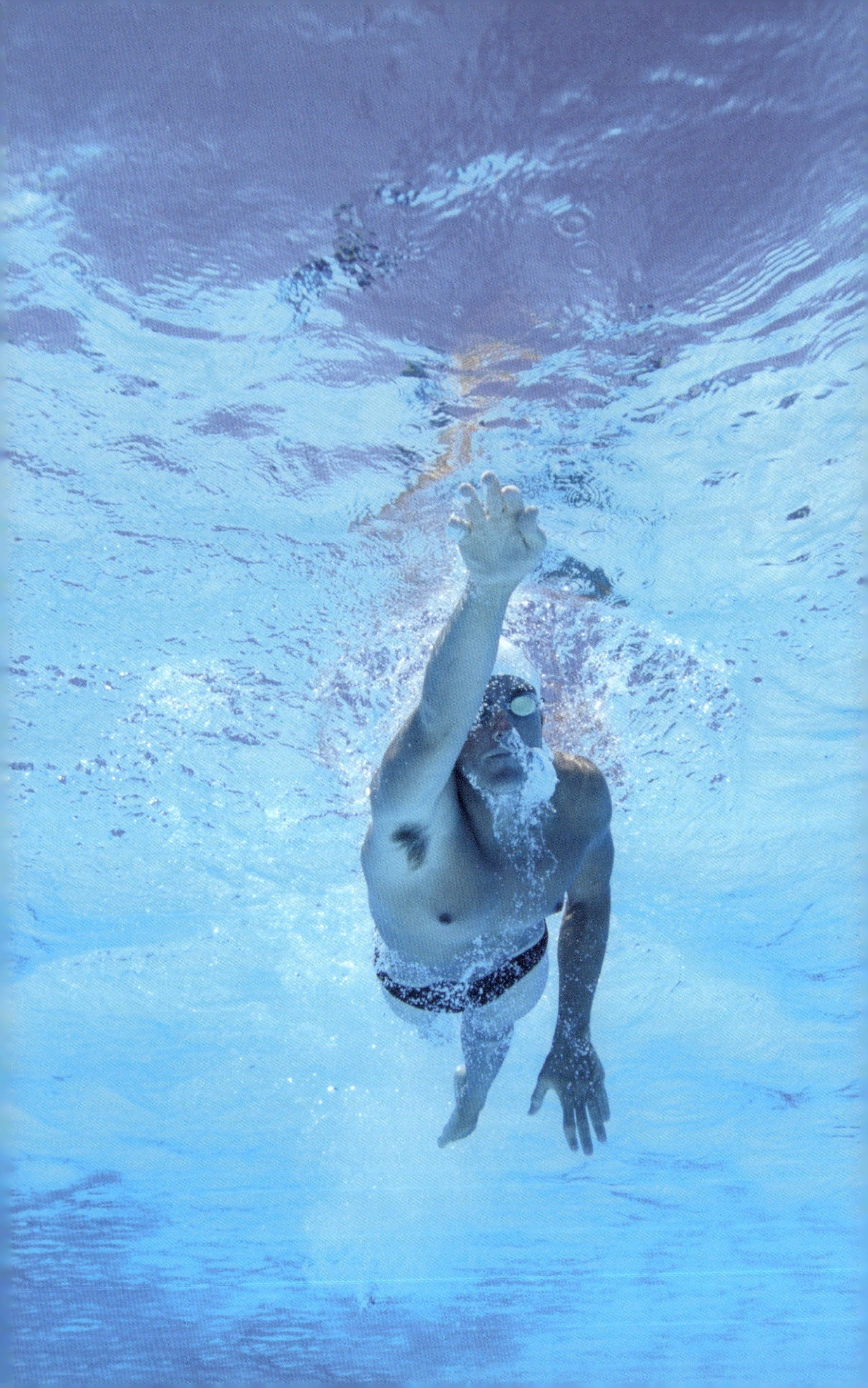

KAPITEL 2

DIE VERSCHIEDENEN KRAULSTILE

Glücklicherweise existiert nicht nur eine einzige Art richtig zu kraulen. Ich bin bei meinen Recherchen auf drei Grundarten gestoßen und nichts spricht dagegen, sie individuellen Vorlieben und Bedürfnissen anzupassen. Die folgende Klassifizierung stammt von dem amerikanischen Trainer und ehemaligen Olympiasieger Gary Hall sen.

17• KRAULEN IM WECHSELSCHLAG (AUCH KAJAKSTIL ODER SCHULTERGEFÜHRTES KRAULEN/ SHOULDER DRIVEN, SD, GENANNT)

Das war bis in die 1990er-Jahre der weitestverbreitete Kraulstil im Wettkampfsport. Er besteht aus einer synchronisierten Bewegung beider Arme: In dem Moment, in dem eine Hand aus dem Wasser kommt, ist die andere bereits im Wasser und beginnt Vorwärtsschub auszuüben. Der Vorteil dieses Schwimmstils ist das **Fehlen einer Totzeit** im Armzyklus; der Schwimmer generiert kontinuierlichen Vortrieb mit den Armen, ein bisschen wie ein Kajakfahrer, bei dem linkes und rechtes Blatt des Paddels abwechselnd und fast ohne Totzeit Druck aufs Wasser ausüben, weshalb man ihn den Kajakstil nennt. Das ist der klassische Kraulstil mit Wechselschlag, wie er insbesondere bei den Sprintern Anwendung findet.

Der Wechselschlag in Einzelschritten

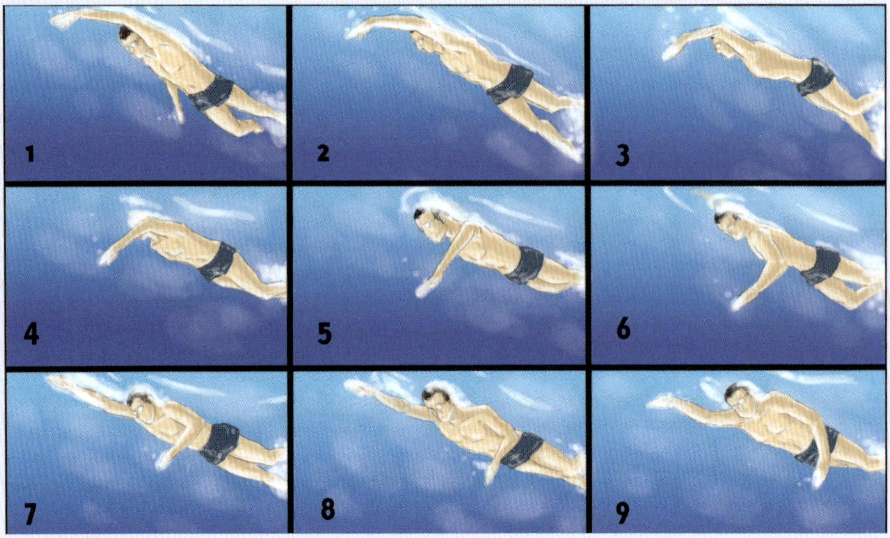

Die vordere Hand beginnt schon Druck aufs Wasser auszuüben, während die hintere Hand gerade ihren Zyklus beendet. Der Schwimmer hat fast permanent Vortrieb, was die Totzeiten signifikant reduziert.

• **Das Rollen** des Beckens ist relativ begrenzt (jedoch weit davon entfernt, gänzlich ausgeschlossen zu sein). Der Schwimmer generiert seine Leistung im Wesentlichen mit dem Oberkörper (die Schultern rollen auf und nieder, aber auch vor und zurück), er verlässt sich auf seine Rückenmuskulatur und profitiert von der Schwerkraft seiner Arme.

Da die Arme im Wechselschlag arbeiten, unterstützt das Gewicht des Arms in der Luft die Arbeit des Arms im Wasser. Alexander Popow ist ein exzellentes Beispiel dieser Kraultechnik. In Frankreich ist es Fabien Gilot.

• **Der Beinschlag** spielt eine mehr oder weniger wichtige Rolle, je nach Leistungsvermögen des Schwimmers und der angestrebten Geschwindigkeit, es kann sich um 2er-, 4er- oder sogar 6er-Beinschlag handeln. Seine Mindestaufgabe ist die Horizontallage von Beinen und Becken im Kielwasser des Kopfes.

Täuschen Sie sich nie über die Rolle des Beckens. Auch wenn es den Eindruck einer relativ fixen Lage macht, haben Versuche gezeigt, dass es trotzdem nicht passiv bleiben darf. Bei einigen Schwimmern kommt ein sehr großer Teil der Leistung aus diesem Bereich durch Einsatz der Hüften, selbst beim Wechselschlag. Das Becken kann eine aktive Rolle spielen und zu einer Geschwindigkeits- und Leistungssteigerung beitragen. Die Rolle des Beckens ist bei der im Folgenden beschriebenen Kraultechnik noch bedeutsamer: FQS.

18• FRONT QUADRANT SWIMMING, FQS (AUCH HÜFTBETONTES KRAULEN GENANNT)

Dieser Kraulstil wurde durch die australischen Schwimmer bekannt. Kraulen im FQS-Stil hat zwei besonders hervorstechende Charakteristika.

• Erstens gibt es einen kurzen Moment im Armzugzyklus, in dem **beide Hände vor einer gedachten Schulterquerlinie** liegen. Anders als beim Wechselschlag arbeiten die Arme nicht synchronisiert, insofern als sich nicht jeweils nur eine Hand vor dem Kopf befindet; nun ist auch die andere Hand nicht mehr hinter dem Kopf. Das heißt: Wenn die hintere Hand ihre Rückholphase beginnt, leistet die vordere Hand noch keinen Vortrieb. Und: Wenn die passive Hand ins Wasser eintauchen will, hat die andere Hand noch nicht das gedachte Lot des Kopfes passiert, fast eine Art Abschlagkraulen. Dadurch entsteht das Risiko von Totzeiten, weil der Schwimmer während eines Teils des Armzugzyklus keine aktive Vortriebsarbeit leistet (wenn man den Beinschlag einmal außer Acht lässt). Diese Totzeiten müssen also durch den Beinschlag ausgeglichen werden, um den Geschwindigkeitsverlust zu begrenzen.

• Das zweite Charakteristikum dieser Schwimmtechnik ist die Art und Weise, wie der Arm unter Wasser schon zu Beginn des Zyklus Druck ausübt: Der Schwimmer versucht, seine Schulter vorzuschieben, dann beugt er bzw. sie den Arm im Ellenbogengelenk, um Unterarm (und Hand) in eine Stellung senkrecht zur Bewegung zu bringen; anschließend wird der gebeugte Arm im Kreisbogen wieder zum Körper geführt; während der Unterwasserbewegung wird der Ellenbogen dabei hochgehalten, das heißt nahe der Wasseroberfläche.

Diese Technik kann man sehr gut bei dem australischen Schwimmer Grant Hackett beobachten. Sie ist sehr effizient, weil die Fläche, auf die die Druckphase wirkt, und die Dauer der Druckphase maximiert werden sowie die allgemeine Kraftentfaltung gesteigert wird – dies wird durch den Einsatz der Rückenmuskulatur möglich, die besonders kräftig ist (kräftiger als die Schultermuskeln allein). Außerdem ergibt sich durch diese Technik eine bessere Hydrodynamik, falls der Schwimmer den Ellenbogen sehr früh beugt. Diese frühe Beugung ist auch als „Early Vertical Forearm“ bekannt (siehe S. 147). Und eine bessere Hydrodynamik bedeutet mehr Leistung.

Kraulstil FQS in Einzelschritten

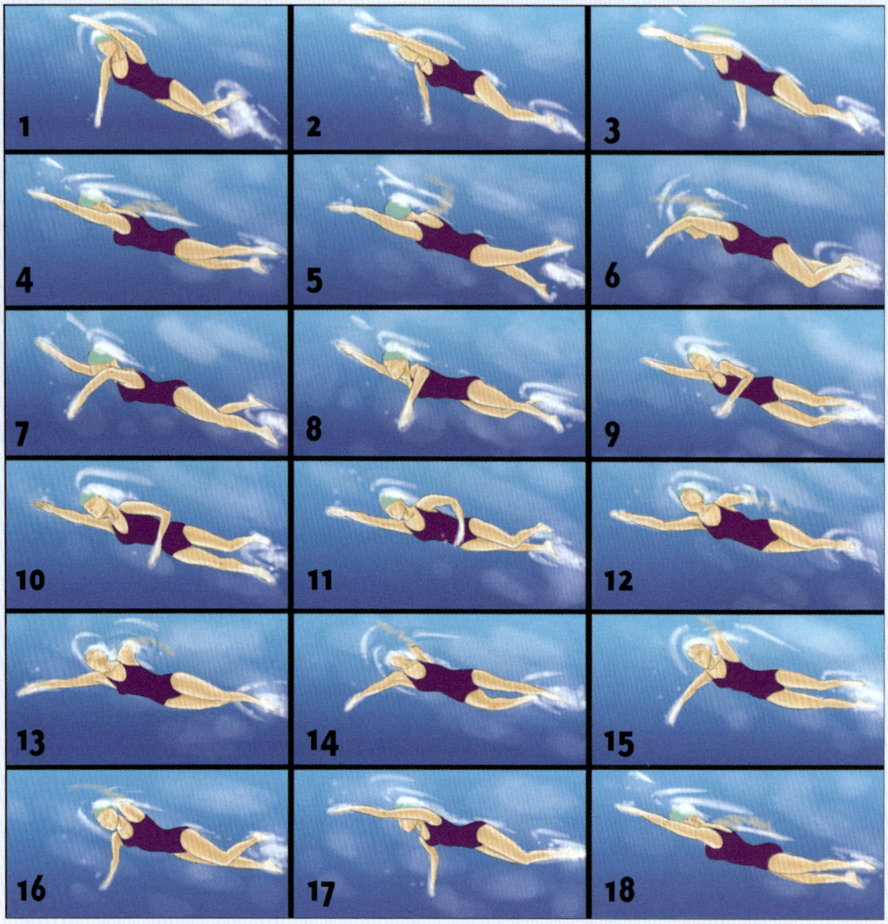

Zu beobachten ist, dass sich beide Arme zu einem gegebenen Zeitpunkt vor und unter dem Kopf des Schwimmers befinden – diesen Bereich nennt man „Frontquadrant". Es kommt der Moment, in dem der Schwimmer mit keinem Arm mehr Druck aufs Wasser ausübt (Schritt 4). Diese Phase bezeichnet man, wenn sie sehr lang ist, als Totzeit (selbst wenn der Schwimmer diese Zeit als sehr angenehmes Gleiten durchs Wasser genießt). Doch der Schwimmer muss großes Interesse haben, sie zu reduzieren, um einen zu starken Geschwindigkeitsverlust zu vermeiden.

Dieser Kraulstil (FQS) ist sehr interessant, weil die Zeit optimiert wird, in der sich der Schwimmer in ausgestreckter Lage an der Wasseroberfläche befindet (und das **optimiert auch den Auftrieb und die Hydrodynamik**). Die Technik eignet sich insbesondere für die Großen des Sports, die über einen starken Beinschlag verfügen. Der Mittelklasseschwimmer kann sich mit kleinen Flossen diesem sehr speziellen Schwimmstil annähern. Sportler mit durchschnittlichen Fähigkeiten laufen Gefahr, verstärkt unter den Defiziten von FQS zu leiden, nämlich an dem Übermaß an Totzeiten: Was man durch das angenehme Gleitgefühl an positiven Empfindungen gewinnt, verliert man durch den Geschwindigkeitsrückgang während des ständigen Wechsels zwischen Verlangsamung und Beschleunigung.

Beim FQS-Kraulstil bleiben die Hüften und das Becken nicht flach auf dem Wasser liegen, ganz im Gegenteil: Der Schwimmer arbeitet mit einem Beckenrollen zusätzlich zum Schulterrollen. Dadurch kann er sich „auf die Seite legen". Aus diesem Grund spricht man bei diesem Stil auch von *hip driven* (hüftgeführt). Um wirklich effizient zu sein, verlangt FQS einen Beinschlag, der den Körper fixiert und zudem das Risiko des Totpunkts einschränkt, indem er eine relativ konstante Geschwindigkeit aufrechterhält – trotz eines Schwimmstils, der eher an Stop-and-go erinnert). Daher achten FQS-Schwimmer mehr auf Zuglänge als auf Frequenz. Dieser Schwimmtyp „verlängert" die Gleitphase an der Wasseroberfläche und je Armzugzyklus, sie ist tendenziell länger als bei einem klassischen Kraulschwimmer. Die Frequenz hingegen ist tendenziell niedriger als bei einem Wechselschlagkraulschwimmer.

In den letzten Jahren konnte der FQS-Kraulstil viel Erfolg unter Eliteschwimmern im Becken auf Strecken jenseits des Sprints verzeichnen (200 m, 400 m etc.). Vergleichbares scheint es beim Freiwasserschwimmen nicht zu geben, wo die Schwimmerinnen und Schwimmer zum klassischen Kraulstil und hoher Frequenz neigen. Das lässt sich durch die Schwierigkeit erklären, einen FQS-Kraulstil mit wenig Beinarbeit zu kreieren (die Freiwasserschwimmer versuchen im Allgemeinen, nicht zu viel Leistung mit den Beinen zu erzeugen; Grund ist die lange Belastungsdauer und das häufig bewegte Wasser durch windinduzierte Wellen und Verwirbelungen durch die anderen Schwimmer).

Ich konnte feststellen, dass die Mittelklasseschwimmer, die im FQS-Stil schwimmen, mehr Spaß an ihrem Sport haben, meist jedoch an Leistung einbüßen. FQS ermöglicht eine geringere Zahl Armzüge pro Bahn, doch gleichzeitig kommt es zu vielen Totzeiten. Auf diese Totzeiten sind die Leistungseinbußen zurückzuführen. Unter Punkt 28 gehe ich noch detaillierter auf dieses Thema ein.

19• GANZKÖRPERKRAUL (BODY DRIVEN, BD)

Ganzkörperkraul ist der Schwimmstil von Athleten, die beim Kraulen auf eine Armrückführung mit angespannten Muskeln setzen (zum Beispiel Janet Evans, Michael Klim, Stefan Nystrand). Durch die angespannten Armmuskeln sind die Schwimmer gezwungen, den gesamten Körper in die Bewegung einzubringen, einschließlich des Beckens (je nach Beweglichkeit).

Die Leistung kommt vor allem aus der Beschleunigung des Körpers in der Bewegung. Diesen Stil findet man sowohl auf den Sprintdistanzen, als auch den Mittelstrecken im Becken sowie beim Freiwasserschwimmen (1500 m und mehr). Ganzkörperkraul erfordert viel Spannkraft von den Athleten, mehr noch als reine Kraft, zudem aerobe Kapazitäten und eine hohe Frequenz.

Aus dem Beinschlag kommt bei diesem Kraulstil sehr wenig Vortriebskraft, dafür gibt es quasi kontinuierliche Traktion aus dem Armzug.

20• GEMISCHTER KRAULSTIL

In der heutigen Schwimmszene gibt es Athleten, die verschiedene Stile mischen.

Manch einer wechselt den Stil sogar nach Körperseite: zum Beispiel mit dem rechten Arm hüftbetont (siehe S. 69) und mit dem linken Arm Ganzkörperstil (siehe oben). Michael Phelps ist dafür ein gutes Beispiel (auf den 200 m), aber auch James Magnussen (auf 100 m). Sie pflegen einen asymmetrischen Kraulstil, indem sie nicht die gleiche Zeit für beide Armzugzyklen verwenden. In der Atemphase versuchen sie sich möglichst zu strecken, um an Zuglänge zu gewinnen, sowie andererseits schneller zu werden. Bei 2er-Atmung kommt es sehr häufig zum Rhythmuswechsel. Das ist kein Nachteil ihres Schwimmstils, sondern nur ein Merkmal. Interessant ist anzumerken, dass sich dieser Schwimmstilunterschied häufig auch durch eine Asymmetrie der Handführung rechts und links äußert.

Nicht selten werden die Schwimmstile auch während eines Wettkampfs gewechselt. Je nach Statur und Fähigkeiten des Sportlers passt der eine Stil besser als der andere. Zur Optimierung des eigenen Schwimmstils muss man die Relation Frequenz/Anzahl der Armzüge berücksichtigen. Beim Kraulen im FQS-Stil kommen weniger Armzüge zusammen als im klassischen Stil, diese geringe Frequenz muss aber nicht unbedingt Geschwindigkeitsverlust bedeuten.

Anzumerken ist, dass bei all diesen unterschiedlichen Schwimmstilen (schulter-, hüftgeführt bzw. Ganzkörper) die Prinzipen eines guten Catch sich nicht wirklich ändern (siehe S. 55, Punkt 13).

21• DER KRAULSTIL TOTAL IMMERSION

Bei Wettkämpfen im Becken findet Total Immersion keine Anwendung. Der Schwimmstil beruht auf dem FQS-Kraulstil und basiert auf einer starken Drehung des ganzen Körpers. Der Vortrieb kommt vorwiegend aus der Gewichtsumlagerung von einer Seite auf die andere, was in Vortrieb mündet.

Total Immersion charakterisiert sich außerdem durch eine Methode, die „Skating" genannt wird: das Gleiten auf der Arm- und Handvorderkante. Diese Art des Gleitens auf einer Seite, dann auf der anderen erinnert unweigerlich an den gleichnamigen Skilanglaufstil. Die zugrundeliegende Idee des Skating ist das Streben nach Zuglänge und Hydrodynamik: Der Schwimmer versucht, das Wasser zu durchbohren und sich durch das so geschaffene Loch zu zwängen. Die Idee scheint interessant, doch aus physikalischer Sicht unbewiesen, denn wegen der hohen Dichte des Wassers bremst sich der Schwimmer enorm ab. Trotzdem mag dieser Schwimmstil sehr angenehm bei der Ausführung sein – eine wahre Freude. Spitzenschwimmer werden ihn in ihr Training integrieren können.

Bei Total Immersion bringt der Aspekt des Skating Unannehmlichkeiten mit sich, sobald Geschwindigkeitssteigerung ein primäres Ziel ist. Wie bereits zuvor beim Thema Luftweg des Ellenbogens erwähnt, besteht der Vorteil des klassischen Kraulens nämlich darin, dass sich die Rückholung der Hand außerhalb des Wassers in einem Kreisbogen vollzieht (siehe S. 61). Ein solcher Rückholweg erfordert wenig Anstrengung, da Hand und Arm sich durch die Luft bewegen.

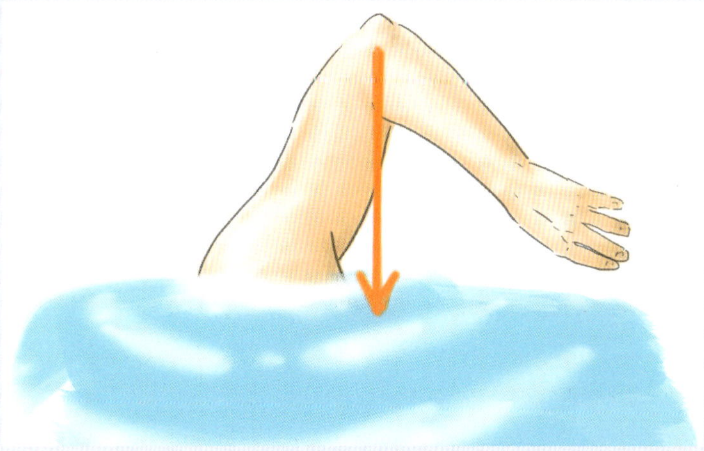

Der Ellenbogen bewegt sich in der vertikalen Ebene nahe dem Kopf.

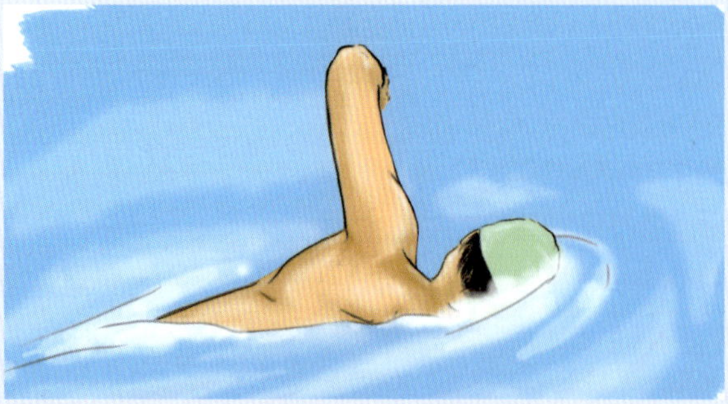

Der Ellenbogen befindet sich vertikal über dem Kopf.

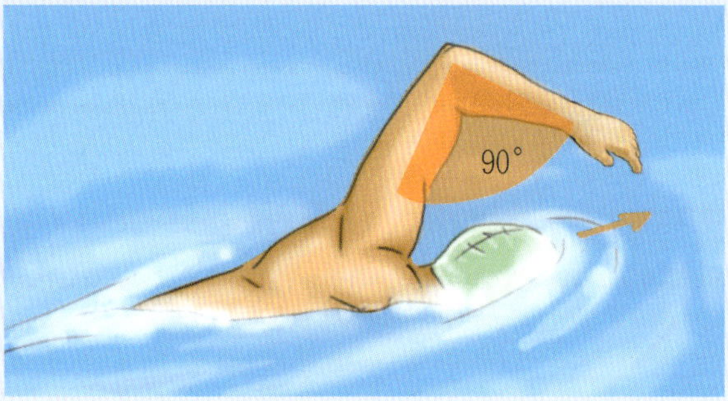

Besonderheit: Beim Wassereintritt der Hand ist der Ellenbogen stark gebeugt (90 Grad).

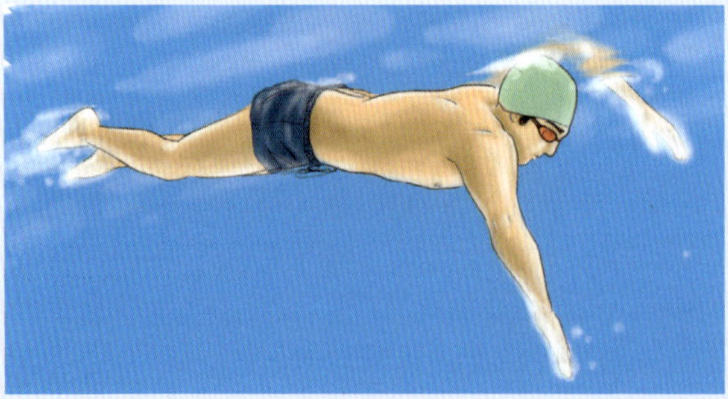

Besonderheit: Beim Kraulen im ausgeprägten FQS-Stil erfolgt der Wassereintritt der Hand nahe dem Kopf.

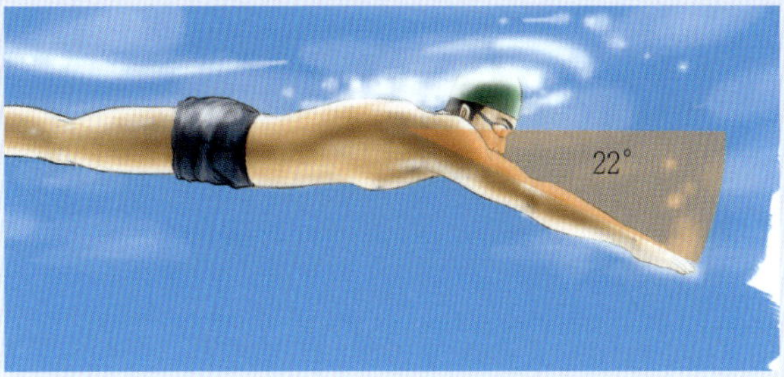

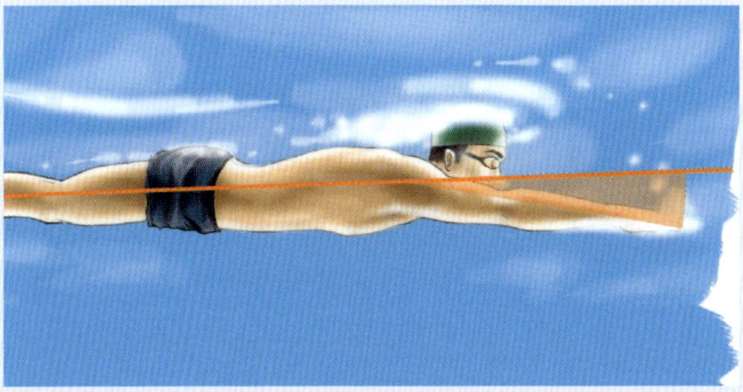

Besonderheit: Wichtig ist der Anstellwinkel des Arms beim Wassereintritt der Hand (22 Grad bei Total Immersion) verglichen mit der Armstreckung näher an der Wasseroberfläche auf dem zweiten Bild.

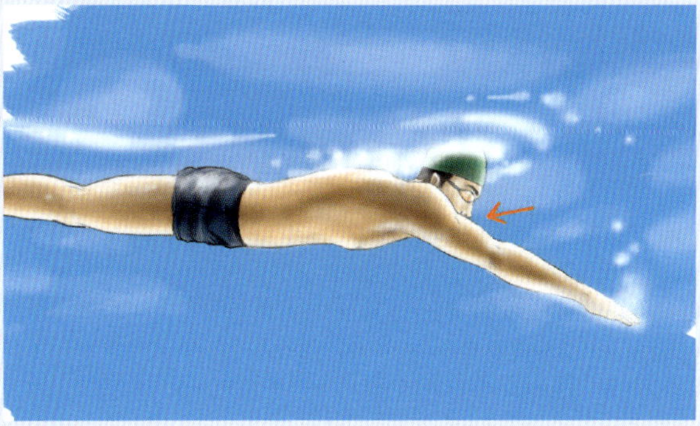

Dieser Anstellwinkel erhöht die frontale Widerstandsfläche des Schwimmers während der Phase, in der der Arm nach vorn ausgestreckt ist. Das Wasser prallt auf den Bizeps des ausgestreckten Arms. Zum Ausgleich fügen sich Becken und Beine besser in sein Kielwasser.

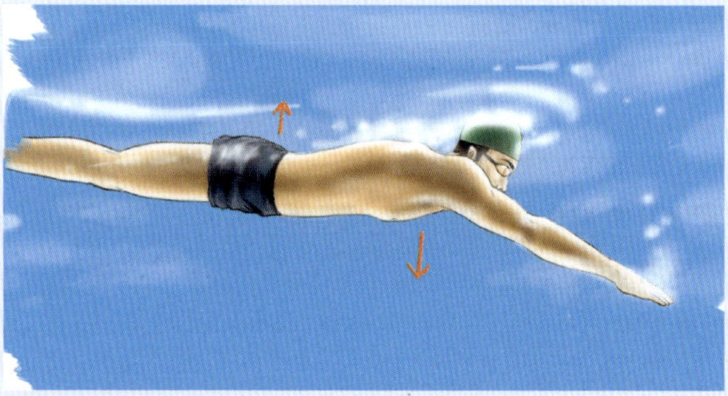

Vorteil dieses Anstellwinkels: Das Becken hebt sich in Richtung Wasseroberfläche aufgrund eines einfachen Gleichgewichtsspiels.

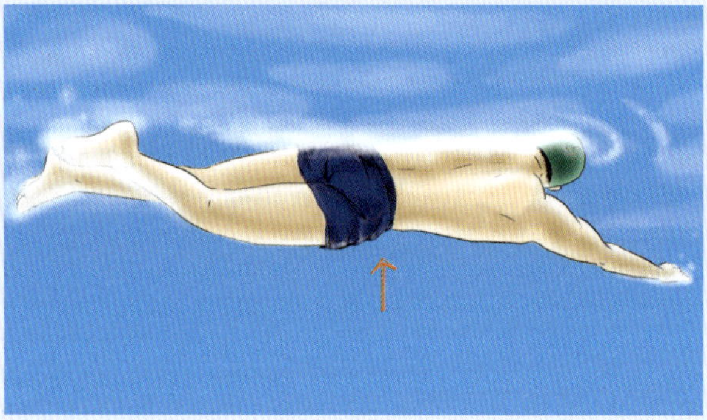

Das Beckenrollen ist besonders ausgeprägt.

Bei Total Immersion erfolgt der Wassereintritt der Hand in der Nähe des Kopfes (das heißt es gibt nur einen sehr kurzen Luftweg); dann wird der Arm in besagter Skating-Bewegung ausgestreckt. Dadurch kann es zu einem realen Effizienzverlust kommen, denn die Bewegung unter Wasser ist in puncto Zuglänge wie auch Kraftaufwand viel weniger interessant als die in der Luft.

Ein Schwimmer hat stets ein Interesse daran, mit der Hand eine maximale Distanz durch die Luft im Vergleich zur Strecke unter Wasser zurückzulegen. Daher wird Total Immersion schnell kontraproduktiv, sobald eine gewisse Geschwindigkeit erreicht ist. Höchstwahrscheinlich ist das der Grund, weshalb man in Kraulwettkämpfen keine Spitzenschwimmer sieht, die diesen Stil praktizieren.

22• ZUR WAHL DES KRAULSTILS

Der geeignete ideale Kraulstil hängt vor allem vom Athleten selbst und seinen bzw. ihren Zielen ab. Natürlich sind die eben dargestellten Kraultypen stark vereinfachte Klassifizierungen.

Jeder muss seinen eigenen Stil finden.

• Der **klassische Stil mit Wechselschlag** ist der Allrounder. Der Sportler kann ihn je nach Statur und körperlichen Eigenschaften anpassen. Ein extrem starker Beinschlag ist nicht vonnöten, da die zweite Hand bereits ihre Arbeit beginnt, wenn die erste aus dem Wasser kommt: Die hohe Frequenz der Armarbeit sorgt für die Kontinuität der Bewegung. Aus diesem Grund trifft man am häufigsten auf diesen Stil, sei es bei Freiwasserevents, beim Triathlon, jedoch auch auf den Kurzstrecken (Sprint, 50 m und 100 m). Wechselschlagkraulen hat den Vorteil der großen Leistungsentfaltung für die Bewegung. Beim FQS-Stil verzeichnet der ausgestreckte vordere Arm eine Haltezeit, wenn der Arm in der Luft nach vorn zurückkehrt; diese kurze Pause muss durch den Beinschlag überbrückt werden, um einen zu starken Geschwindigkeitsverlust zu vermeiden.

• Der **FQS-Stil** hat sich zu einer Methode entwickelt, die mehrheitlich von den Weltklasseschwimmern von 200 m bis 1500 m genutzt wird. Es gibt jedoch bemerkenswerte Ausnahmen: Laure Manaudou etwa schwamm ihre Wettkämpfe im Wechselschlagstil mit 2er-Beinschlag. Wie wir gesehen haben, verlangt der FQS-Stil ein ganz besonderes Timing: Da gibt es eine Phase, während der der Schwimmer mit keiner Hand Vortrieb erzeugen kann. Das muss der Athlet durch die Beinarbeit ausgleichen, um eine lineare Geschwindigkeitsentwicklung zu ermöglichen. Der FQS-Stil ist besonders interessant für große Sportler mit starkem Beinschlag und guter Ausdauer. Der Amateur, der Erfahrung mit dem FQS-Stil sammeln will, den Champions wie Grant Hackett, Ian Thorpe etc. benutzen, muss leider Flossen tragen. Trotzdem kommt es vor, dass Schwimmer selbst ohne starken Beinschlag auf FQS-Stil und Wechselschlag mischen, insbesondere bei 2er-Atmung.

• **Ganzkörperkraulen (Body driven)** sollte nicht vernachlässigt werden – insbesondere für Sportler kleinerer Statur mit gutem Muskeltonus und starken aeroben Kapazitäten. Hier sollten wir nicht vergessen, wie erfolgreich Janet Evans mit diesem Schwimmstil war und Weltrekorde aufstellte, die über Jahre Bestand hatten.

• Der **gemischte Stil** bietet sich oft für Schwimmer mit 2er-Atmung an.

Abschließend sei gesagt, dass ein Wechsel der Schwimmstile für mehr Spaß beim Schwimmen sorgen kann. Eine Vertiefung jedes dieser Stile auch außerhalb aller Wettkämpfe bedeutet für jeden Athleten eine reale Quelle für Fortschritte. Die Ausübung eines Schwimmstils macht die anderen Stile besser begreiflich, man kann aus jedem Stil Lehren ziehen und sich letztlich im favorisierten Schwimmstil perfektionieren. Ein wenig ähnelt ein Schwimmer einem Tennisspieler, der die Rückhand gleichzeitig als Topspin, Lob, Slice und Volley beherrschen muss. Bloß weil er die Rückhand Topspin am effektivsten beherrscht, heißt das ja noch lange nicht, dass er die anderen Schlagarten nicht anwenden dürfte oder sollte. So hat auch ein guter Schwimmer immer ein Interesse, mehrere Kraulstile zu beherrschen und anzuwenden.

KAPITEL 3

FAQ – HÄUFIGE FRAGEN – MEINE ANTWORTEN

Dieser Teil des Buchs beschäftigt sich mit den häufigsten Fragen zum Thema Kraulen. Der Leser möge es mir nachsehen, sollten die Antworten Informationen enthalten, die in den vorangegangenen Kapiteln bereits erläutert wurden.

23• SEITDEM ICH OHNE PULL BUOY SCHWIMME, KOMME ICH NICHT MEHR VORAN UND ERMÜDE, WARUM?

Zuerst einmal müssen wir uns auf die fundamentalen Grundlagen des Kraulschwimmens rückbesinnen. Kraulen ist eine Schwimmart, bei der man von einer angenehm ausgestreckten Lage auf der einen Seite auf eine angenehm ausgestreckte Lage auf der anderen Seite wechselt (Wechselschlag). Ausgehend davon wird man leicht einsehen, dass man auf größere Probleme stoßen wird, wenn man dieses horizontale Gleichgewicht nicht beherrscht. Doch, oh Wunder!, ein brillanter Trainer (denke ich mir) hat den Pull Buoy erfunden, ein Stück Schaumstoff, das man zwischen die Beine steckt und das einen durchschnittlichen Schwimmer in ein Motorboot verwandelt. In der Tat, welche Mühelosigkeit plötzlich, wenn man mit Pull Buoy schwimmt! Und warum ist das so? Weil der Pull Buoy das Becken und die Beine an der Wasseroberfläche fixiert, im Kielwasser der antreibenden Arme. Er ermöglicht diese famose horizontale Wasserlage, fundamentales Element der Kraultechnik. Sobald man den Pull Buoy entfernt, hängt das Becken wieder durch und die Beine sinken ab, und zwar bei allen Schwimmern, die immer noch kein gutes horizontales Gleichgewicht gefunden haben.

Manche Schwimmer neigen dazu, diesen Umstand einer zu geringen Körperspannung zuzuschreiben (das heißt einem mangelnden Muskeltonus im Lumbal- und Bauchbereich), als ob Schwimmen mit angespannten Bauchmuskeln eine gute horizontale Wasserlage garantieren könnte. Das ist nicht pauschal der Fall. Die Stütz- und Haltemuskulatur ermöglicht eine bessere Wasserlage, garantiert aber nicht die Horizontale. Man kann perfekt schwimmen und dabei Becken und Beine hinterherziehen wie einen Anker.

Eine andere fortschrittliche Erklärung mancher Schwimmer lautet: Ich habe so muskulöse Beine, dass sie mich hinunterziehen! Das wäre eine schlechte Nachricht für ambitionierte Radfahrer und Läufer, die mit dem Schwimmen anfangen wollten! Eliteschwimmer haben oft sehr muskulöse Beine. Also gilt diese Erklärung nicht!

Die Lösung? **Arbeiten Sie an Ihrem horizontalen Gleichgewicht!** Wer im Wasser ein Bewusstsein für sein horizontales Gleichgewicht entwickelt, also insbesondere die Stellung von Kopf, Schultern, Armen, Händen, Brustkorb, der kann auch lernen, die horizontale Lage zu beherrschen. Ein wenig wie der Seiltänzer lernt, auf dem Seil zu laufen. Das ist harte Arbeit. Der regelmäßige Gebrauch des Pull Buoy verzögert nur die horizontale Beherrschung.

Zum Trainieren des eigenen horizontalen Gleichgewichts muss man einen natürlichen Pull Buoy einsetzen: die eigenen Arme. Hier sind zwei Übungen, um Sie vom eben Gesagten zu überzeugen.

ÜBUNGEN

• Strecken Sie sich im Wasser auf der Seite aus, den oberen Arm am Körper anliegend, der untere ist vorgestreckt. Mit Schlagen der Füße bewegen Sie sich vorwärts. Nun variieren Sie den Winkel des unteren Arms um die 45 Grad (dabei bleibt die Schulter nahe am Kinn, der Kopf tendiert in Richtung Beckenboden). Sie werden sehen, wie Ihr Becken durch Variierung des Armwinkels mehr oder weniger horizontal liegt. Normalerweise gilt: Je mehr Ihre Hand in Richtung Beckenboden weist, umso mehr neigen Ihre Beine und Ihr Becken zum Ansteigen in Richtung Wasseroberfläche.

• Sie schwimmen im vollen Kraulbetrieb. Anstatt den Arm gerade vor sich auszustrecken, bauen Sie einen leichten Winkel ein. Das wird Ihnen helfen, das Becken auf einer höheren Ebene zu halten; Sie verlieren vielleicht ein wenig bei der Streckung, aber falls Sie eine Tendenz zu nachschleppenden Becken und Beinen haben, wird Ihnen diese Winkelstellung eine geringere Ermüdung bescheren: Sie werden leichter eine Bahn nach der anderen absolvieren. Nach und nach werden Sie entsprechend

Ihren Fortschritten den Winkel reduzieren können, um Zuglänge und horizontale Lage in Einklang zu bringen. Anfangs können Sie die Übung noch als Abschlagschwimmen ausführen (das heißt der ausgestreckte Arm „wartet", bis der andere Arm wieder nach vorn kommt).

Wiederholen Sie dieselbe Übung und senken Sie mehr oder weniger Ihren Brustkorb (insbesondere den Bereich rund um das Brustbein). Weitere Erklärungen finden Sie auf Seite 26. Sobald Sie die horizontale Lage, einer der Schlüssel zu einem guten Kraulstil, beherrschen, lassen Sie den Pull Buoy weg.

24• SOLLTE MAN IMMER DENSELBEN RHYTHMUS SCHWIMMEN?

Der Schwimmsport war sicher eine der ersten Sportarten, deren Trainer die Bedeutung variierender Trainingsinhalte für schnelle Fortschritte erkannten.

Auch ausdauerndes Schwimmen mit nur einem Tempo hat einen Trainingseffekt, doch ab einem bestimmten Niveau gibt es keine weitere Entwicklung mehr. Wer mehr will, muss andere Trainingstypen integrieren.

Schematisch gesehen kann man nach sieben Entwicklungsachsen kategorisieren:

- **Entwicklung der Ausdauer:** Hierbei handelt es sich um ununterbrochene lange Schwimmeinheiten oder zumindest nur sehr kurzen Erholungsphasen, zum Beispiel 500 m nonstop, Pyramiden (siehe S. 149), lange Teilstücke mit kurzen Pausen von nur wenigen Sekunden. Das Belastungsniveau ist niedrig, es sollte keine Atemnot herrschen. Dieses Training dient vor allem der Entwicklung des kardiovaskulären Systems.
- **Entwicklung der Schwimmeffizienz:** Bei dieser Art Training handelt es sich um Intervalle mit Zeitmessung, etwa 1 km, 2 km oder mehr. Anhand der Zeiten lassen sich Fortschritte ablesen, zudem wird die Belastungstoleranz, die Effizienz und Leistungsfähigkeit trainiert und gesteigert.
- **Entwicklung der Kraft:** Bei dieser Trainingsform kommen Hilfsmittel wie Flossen, Paddles oder auch Schmetterlingsschwimmen zum Einsatz.
- **Entwicklung der Leistungsfähigkeit:** Hierbei handelt es sich um ein Intervalltraining mit wiederholten kurzen Belastungen (25 bis 50 Sekunden) mit ausreichender Erholung zwischen den Belastungen.
- **Entwicklung der anaeroben Fähigkeiten:** Ab einem bestimmten Belastungsniveau beginnt der Körper, Milchsäure (Laktat) in Mengen zu produzieren, die der Organismus nicht mehr recyceln kann. Daher sammelt sich die Säure an und führt zur muskulären Ermüdung. Es gibt eine bestimmte Trainingsart, mit der man sich darauf vorbereiten

kann, eine solche Situation besser zu meistern, zum Beispiel Belastungsserien länger als 75 Sekunden, Serien von 150 m bis 300 m. Nützlich etwa zur Gewöhnung für den Start bei einem Freiwasserwettkampf.

- **Entwicklung der reinen Geschwindigkeit:** Dieses Sprinttraining besteht aus Beschleunigungen auf Maximalgeschwindigkeit für Phasen von circa 25 Sekunden mit Pausen von 25 Sekunden oder mehr.
- **Entwicklung der technischen Fähigkeiten:** Dieses Training dient der Technikarbeit, der Fehlerkorrektur, der Perfektionierung der Bewegungsabläufe. Je nach angestrebten Ziel und dem Zeitpunkt in der Saison hinsichtlich eines eventuellen Wettkampfs wählt man einen oder mehrere dieser Trainingstypen während einer Trainingseinheit aus.

25• MÜSSEN ZUG- UND DRUCKPHASE UNTER WASSER IN S-FORM ERFOLGEN?

Nach meiner Kenntnis rührt die Geschichte mit dem S von einer Feststellung her, die Trainer in den 1970er-Jahren machten, nämlich dass die besten Kraulschwimmer dieser Zeit mit ihrer Hand ein S unter Wasser zu zeichnen schienen. Dieses S war also keine Empfindung der Schwimmer selbst, sondern eines externen Beobachters. Im Grunde genommen handelt es sich bei dem S lediglich um eine sinusförmige Führung der Hand.

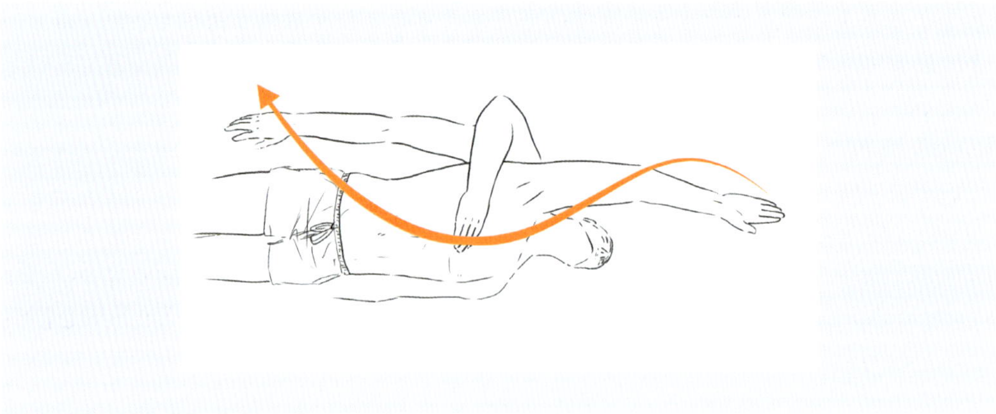

Diese Verhaltensweise wurde in den 1970er-Jahren theoretisiert, besonders von James Counsilman, dem Trainer des amerikanischen Olympiasiegers Mark Spitz, der zu dem Schluss kam, dass sich der Vortrieb eines Schwimmers vor allem aus dem

Bernoulli-Prinzip herleiten lasse, einem Prinzip, das die Wirkweise von Schiffsschrauben erklärt. Deshalb müsse ein Schwimmer wie eine Schiffsschraube S-förmige Abdrücke „ins Wasser legen“, um Vortrieb zu erzeugen.

Seit den 1970er-Jahren wurden die Forschungen fortgesetzt. Man kam zu dem Schluss, den die meisten Trainer und Topathleten heute noch teilen, dass es nicht so sehr das Bernoulli-Prinzip sei, das den Vortrieb des Schwimmers erzeuge, als vielmehr das Prinzip von Aktion und Reaktion. So haben die Kraulschwimmer unserer Zeiten einen Bewegungsablauf, der einen sehr frühen Beginn des Einwirkens auf das Wasser vor dem Kopf akzentuiert (mit dem gebeugten Ellenbogen), dann eine gradlinige Zug- und Druckphase, während der versucht wird, Wasser in entgegengesetzter Richtung zur Schwimmrichtung zu bewegen, und schließlich einen schnellen Wasseraustritt der Hand. Studien haben nämlich gezeigt, dass die Vortriebskraft der Hand vernachlässigbar ist, sobald sie die Hüfte passiert hat. Es ist also mehr wert, den Armzugzyklus nach vorn zu verlegen.

Die Spitzenschwimmer unserer Zeit wie Yannick Agnel oder Camille Muffat richten sich in ihrem Schwimmstil exakt nach diesen Vorgaben.

Unter Beachtung des Gesagten, und selbst wenn man sich nicht allzu sehr um die neuesten wissenschaftlichen Erkenntnissen kümmert (immerhin schwammen auch die Helden der 1970er-Jahre schon ganz schön schnell), scheint die Sache mit dem S keine gute Idee zu sein, und zwar aus den folgenden Gründen:

- Bei Betrachtung bestimmter zeichnerischer Darstellungen des Unterwasserweges der Hand von unten kann man zwar durchaus ein S erkennen, doch dieses S ist mehr eine optische Täuschung als eine Realität. In der zweidimensionalen Zeichnung bleibt der Torso des Schwimmers nämlich fix, ohne Rollen oder Körperdrehung. Das ist jedoch in der Bewegung nicht der Fall, die Schulterlinie bleibt nicht parallel zum Boden des Beckens.
- Für Einsteiger kann das S-Muster daher zu großen Fehlern in der Armbewegung führen, insbesondere zu einem Senken des Ellenbogens (statt ihn hochzuhalten).

Falls Sie ein superbes S mit der Hand vor sich zeichnen wollten, könnten Sie das perfekt zum Beispiel mit angespannter Armmuskulatur, was aber beim Kraulen genau nicht passieren soll.

Die Idee des S hat daher wirklich weder Sinn noch realistische Grundlagen. Das S ergibt sich also, sollte aber von der Hand nicht selbst bestimmt werden. Eher als S ins Poolwasser zu schreiben wie ein ABC-Schütze, sollte man sich auf die Empfindungen im Wasser konzentrieren und Druck auf und Umgang mit den Wassermassen in der Unterwasserphase (er)spüren und dabei auf die Einfachheit der Bewegung achten!

Übrigens demontiert eine Argumentation ad absurdum den S-Mythos. Wenn die S-Bewegung wirklich ein Mittel für schnellere Schwimmzeiten wäre, wie kommt es dann, dass die besten Schwimmer nicht mehr darauf zurückgreifen? Es gibt bestimmt einen guten Grund, denn nach so vielen Stunden im Wasser ist es unmöglich, dass ihnen ein solch effektiver Bewegungsablauf entgangen sein sollte!

26• WIE VIELE ARMZÜGE PRO BAHN?

„Kann ich anhand der Anzahl Armzüge, die ich für eine Bahn im Becken benötige", werde ich oft gefragt, „eine Aussage über die Qualität meiner Technik treffen?"

Nach den Videos exzellenter Schwimmer und nach dem, was ich selbst in Schwimmklubs und in öffentlichen Bädern beobachtet habe, bin ich **streng empirisch** zu den folgenden Schlüssen gekommen (Grundlage bildet das Kraulen im Ausdauerbereich, ohne verstärkten Beinschlag, ohne verstärktes Gleiten und auf gar keinen Fall nationale Bestleistungen oder Weltrekorde):

- Nationales/internationales Niveau: Strecke pro Armzug = ca. 80 % (+/– 5 %) der Spannweite
- Sportklub: Strecke pro Armzug = ca. 70 % (+/– 5 %) der Spannweite
- guter Amateur: Strecke pro Armzug = ca. 60 % (+/– 5 %) der Spannweite
- durchschnittlicher Amateur: Strecke pro Armzug = ca. 50 % (+/– 5 %) der Spannweite
- Bei einem Wert unter 50 Prozent hat der Athlet mit Sicherheit große technische Defizite, die seine Zuglänge limitieren.

Die Spannweite entspricht dem Abstand zwischen den beiden Händen bei horizontal ausgestreckten Armen (siehe Abb. S. 85). Im Allgemeinen liegt der Wert der Spannweite bis auf einige Zentimeter sehr nahe bei dem Wert der Körpergröße. Es gibt Ausnahmen wie Michael Phelps (2,01 m Spannweite bei 1,93 m Körpergröße) und Alain Bernard (2,05 m Spannweite bei 1,96 m Körpergröße).

Nehmen wir das Beispiel eines guten Amateurschwimmers mit einer Spannweite von 1,70 m. Er ist in der Lage, die 25 m mit rund 22 Armzügen zu absolvieren. Wenn man ein Ausgleiten von insgesamt 3 m von den 25 m Beckenlänge abzieht, ergibt sich für die *pro Armzug* zurückgelegte Strecke die Formel (25 – 3)/22 = 1 m. Ein Meter, das entspricht circa 60 Prozent der Spannweite des Schwimmers (1,70 x 60 % = 1,02).

Anderes Beispiel: Ein Schwimmer mit 1,90 m Spannweite auf Klubniveau schwimmt lockere 25 m mit 8 Armzyklen (und einem Ausgleiten von 3 m). Ein Schwimmer gleicher

Größe auf nationalem oder internationalem Niveau braucht für die 25 m eher 7 Armzyklen (oder sogar noch weniger).

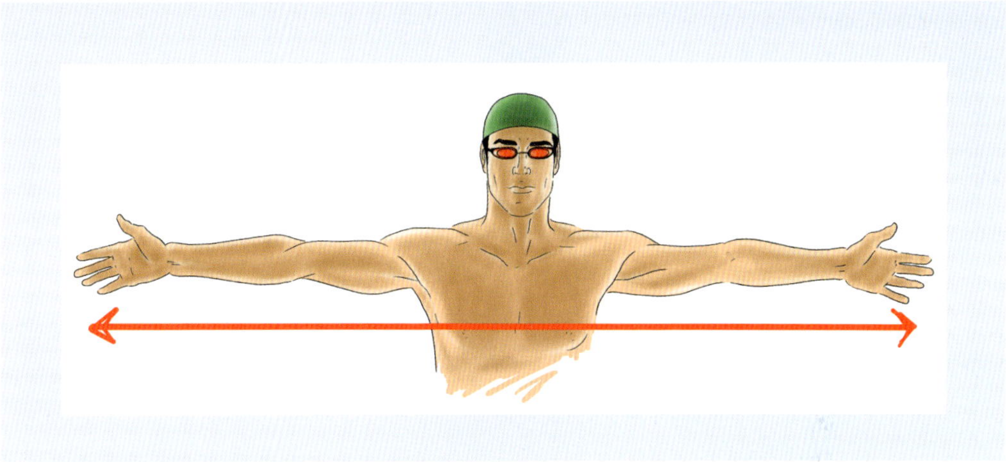

All das ist natürlich empirisch und hat nichts Wissenschaftliches an sich, doch verschafft es uns eine Vorstellung von der Größenordnung. Und wie dem auch sei, es gibt immer Sonderfälle. Die linksstehend genannten Zahlen entsprechen nicht denen, die man bei Wettkämpfen beobachten kann. Denn dort kommt der Parameter „Frequenz" ins Spiel. Und es ist sehr schwierig, die maximale Zuglänge beizubehalten, wenn man die Armzugfrequenz erhöht.

Es gibt auch Fälle von Amateurschwimmern, die bei einer erhöhten Zykluszahl pro Bahn (mehr als 13 auf 25 m) ihre technischen Defizite durch eine sehr hohe Frequenz kompensieren (75 Armzüge pro Minute oder mehr) und damit auch auf längeren Strecken respektable Geschwindigkeiten erreichen. Ich denke insbesondere an einen Schwimmer, der auf 50 m im Schnitt 28 Armzugzyklen benötigt, jedoch mit einer Frequenz in der Größenordnung von 1 Armzug alle 0,8 Sekunden. Mit dieser Art zu schwimmen bewältigt er trotzdem 3800 m in einer Stunde! Der Mangel an Zuglänge ist also kein Ausschlussgrund: Letztlich spielt immer die Frequenz die wichtigste Rolle!

27• WIE TAUCHE ICH DIE HAND AM BESTEN INS WASSER EIN?

Wenn es um die Eintauchphase der Hand geht, sind drei wichtige Regeln zu respektieren:

• Die Wasseroberfläche sollte nicht mit der Handkante durchstoßen werden (z. B. mit dem Daumen zuerst), sondern mit allen vier Fingern gleichzeitig. Ein Wassereintritt mit dem

Daumen kann eine Schulterverletzung provozieren, weil dazu eine Rotation im Schultergelenk nötig ist, was auf Dauer zu Schmerzen führen kann.

- Achten Sie darauf, dass die Hand die Körpermittellinie nicht überscheitet. Ein extrem weit verbreiteter Fehler besteht darin, die Hand quasi vor dem Kopf einzutauchen: Das ist die „ideale" Voraussetzung für ein ungewolltes Winden des Körpers.
- Das Eintauchen der Hand sollte bei einem relativ offen gebeugten Ellenbogen erfolgen (Winkel über 100 Grad). Einerseits verhilft das dem Schwimmer zu mehr Zuglänge, andererseits wird so ein Eintauchen zu nah an der Schulter vermieden (auch das andere Extrem wird vermieden, nämlich dass der Arm flach aufs Wasser trifft).

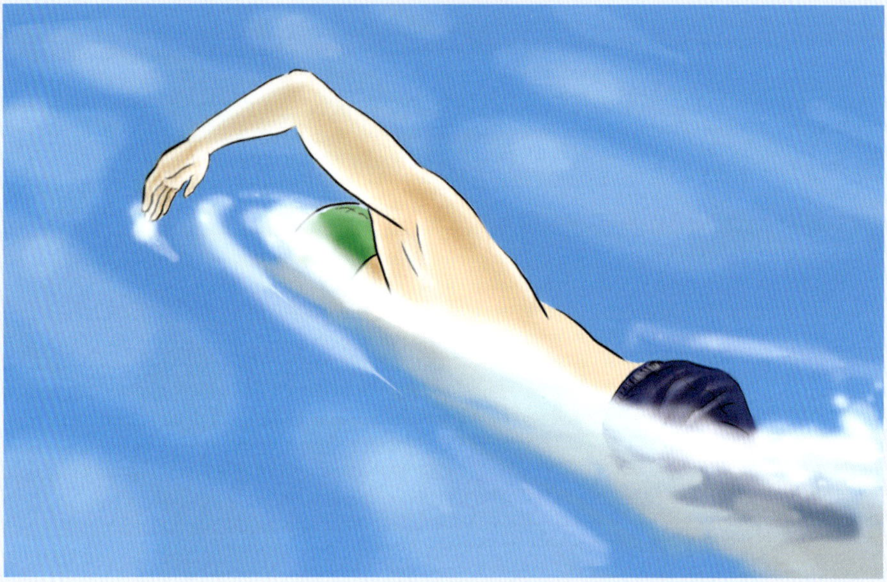

Darstellung eines guten Wassereintritts: Die Hand taucht mit den drei großen Fingern voraus ein (und nicht mit dem Daumen oder mit der Handkante).

Ein Eintauchen der Hand bei zu stark gebeugtem Ellenbogen (Wassereintritt der Hand zu dicht an der Schulter) ist nicht optimal, da sich der Weg der Hand außerhalb des Wassers zugunsten des Wegs unter Wasser verkürzt, was zu frühzeitiger Ermüdung und mehr Reibung führt. Sollten Sie einmal Gelegenheit haben, die Schwimmer um Sie herum zu beobachten, die mit Zuglänge und Leichtigkeit im Wasser unterwegs sind, dann werden Sie bemerken, dass sie maximalen Vorteil aus dem Luftweg der Hand ziehen.

Zahlreiche Verletzungen der Schulter (die den verletzungsanfälligsten Bereich des Schwimmers darstellt) resultieren entweder von einem Eintauchen mit der Handkante oder dem Daumen voraus oder von einem mangelnden Rollen der Schulter oder von beidem.

28• WAS BEDEUTET KRAULEN IM FQS-STIL?

FQS ist die Abkürzung für Front Quadrant Swimming/Schwimmen im Frontquadranten. „Front Quadrant" bezeichnet den Raum vorn unten in einem gedachten Kreis, dessen Mittelpunkt die Schultern des Sportlers bilden.

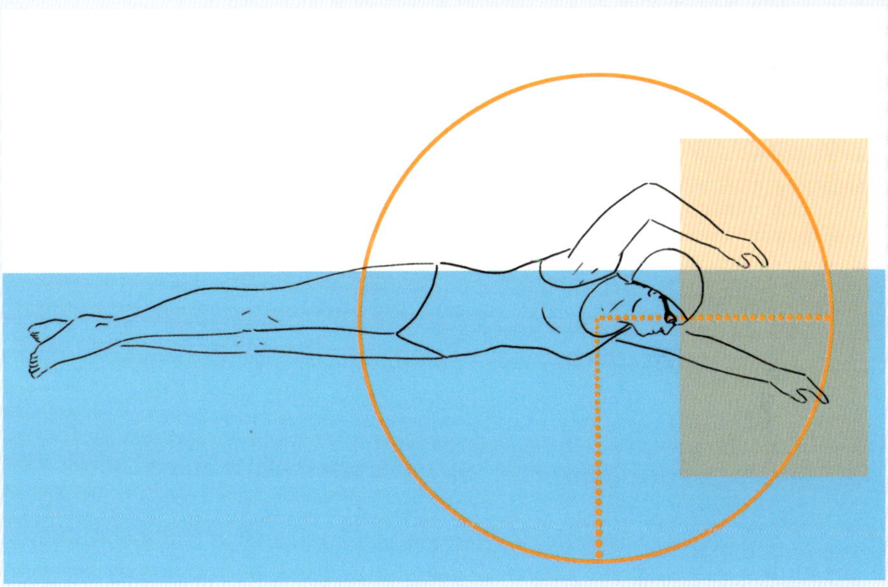

Der Bereich des „Frontquadranten" befindet sich vor dem Schwimmer im vorderen unteren Viertel eines gedachten Kreis. Beim Kraulen im FQS-Stil treffen sich beide Hände für einen Moment in diesem Bereich. Beim Kraulen im Wechselschlag befinden sich nie beide Hände gleichzeitig in diesem Bereich.

„Front Quadrant Swimming" bezeichnet einen Kraulstil mit folgenden Charakteristika: Wenn die eine Hand ins Wasser eintaucht, befindet sich die andere Hand noch im ersten Quadranten des Schwimmers. Schematisch gesehen wartet der Arm vorn auf den anderen, bevor er seine Zug- und Druckphase beginnt. Seine extreme Ausprägung findet dieser Stil im sogenannten Abschlagschwimmen, bei dem beide Arme kurz nebeneinander vor dem Körper liegen.

Beim sogenannten klassischen Kraulen arbeiten die Arme hingegen im Wechselschlag, das heißt, wenn eine Hand ins Wasser eintaucht, ist die andere schon ein gutes Stück hinter dem Kopf des Schwimmers und kurz vor dem Ende der Unterwasserstrecke.

Was ist interessant bzw. überzeugt am FQS-Stil?

Die prinzipielle Schönheit des FQS-Stils liegt in der Art, wie er die Horizontallage des Athleten optimiert, und der Einfachheit, mit der dies geschieht.

Das horizontale Gleichgewicht (oder meistens besser: Ungleichgewicht) des Schwimmers resultiert aus zwei entgegengesetzten Kräften: Einerseits die Schwerkraft, die den Athleten nach unten zieht, und andererseits das archimedische Prinzip, das den Schwimmer trägt beziehungsweise nach oben drückt. Das Problem besteht nun darin, dass die beiden Kräfte nicht auf denselben Punkt wirken, und je größer der Abstand zwischen den beiden Angriffspunkten der beiden Kräfte, umso schwieriger ist das Gleichgewicht zu halten (in unserem Fall: umso mehr sinken Becken und Beine ab).

Im Gegenzug gilt: Je näher die beiden Angriffspunkte der beiden Kräfte beieinanderliegen (je näher der Körperschwerpunkt am Verdrängungsschwerpunkt/Auftriebszentrum liegt), umso besser bleiben Becken und Beine in der Horizontalen. Das ist auch der Grund, weshalb wir in Rückenlage besser und länger an der Wasseroberfläche treiben, wenn wir die Arme hinter dem Kopf ausstrecken, als wenn sie seitlich am Körper anliegen.

Exakt genauso verhält es sich beim Kraulen im FQS-Stil. Durch Verlängerung der Zeit, die der Schwimmer beide Arme vor dem Körper (über dem Kopf) ausstreckt, ermöglicht FQS dem Athleten, seinen Körperschwerpunkt näher am Verdrängungsschwerpunkt zu halten, als es beim Kraulen im Wechselschlag möglich ist. Infolgedessen ist das Hochhalten des Beckens und der Beine einfacher, und die Hydrodynamik verbessert sich.

Ist das der einzige Vorteil von FQS?

Nein, es gibt wenigstens noch einen Vorteil, der übrigens erklärt, warum auch Spitzenschwimmer in gewissem Maße auf FQS zurückgreifen, obwohl sie ihre horizontale Wasserlage perfekt beherrschen: FQS ermöglicht eine Begrenzung der Bugwelle, die den Schwimmer bremst. Die Bugwelle ist die Welle, die sich direkt vor einem Schiff bildet, und zwar unten am Bug. Sie hat eine abbremsende Wirkung. Um diesem Phänomen entgegenzuwirken, besitzen manche Schiffe einen Wulstbug.

Die Körperhaltung eines Schwimmers mit nach vorn ausgestreckten Arm, während der andere Arm für Vortrieb sorgt, erfüllt dieselbe Aufgabe wie ein Wulstbug, und damit lässt es sich schneller schwimmen.

Die Klippen, die es bei FQS zu umschwimmen gilt

• Beim FQS ist das Timing, das heißt die Dosierung der Zeit, die der Frontarm bereits vor dem Körper ausgestreckt ist, von herausragender Bedeutung. Beim Kraulen im FQS-Stil besteht nämlich tendenziell der Drang, die eigene Zuglänge durch Verlängerung der Gleitphase zu steigern. Es gibt Argumente dafür: Je größer die Zuglänge, umso schneller ist der Schwimmer bei gleicher Frequenz.

Leider kann sich ein solcher Schwimmstil jedoch als kontraproduktiv erweisen. Warum? Gleiten durchs Wasser in dieser Art ist aufgrund der sehr hohen Dichte des Wassers (800-fach höher als die der Luft) unweigerlich mit einem Geschwindigkeitsverlust verbunden. Nach jeder Gleitphase muss also erneut beschleunigt werden. Und beschleunigen erfordert mehr Energie als die Geschwindigkeit zu halten. Als Reaktion auf diesen gewachsenen Energiebedarf wird der Schwimmer seinen Aufwand steigern müssen, mit dem Risiko, durch Überlastung der Armmuskulatur zu verkrampfen (obwohl ja eigentlich Entspanntheit angestrebt ist) und natürlich zusätzlich zu ermüden und in Atemnot zu geraten.

Brustschwimmen bspw. hat die Besonderheit, dass die Arme unter Wasser zurückgeführt werden – und deshalb ist es der langsamste der vier Stilarten. Im FQS-Stil mit seinem hohen Anteil an Gleitphasen werden die Arme tendenziell lange Strecken unter Wasser vor dem Körper geführt; dadurch erhält der Kraulstil in gewisser Weise teilweise eine nachteilige Komponente des Bruststils.

• Die eigene Zuglänge lässt sich nicht unendlich steigern. Wenn man schnell schwimmen will, kann man das auch über die Frequenz bewerkstelligen. Ein ausgewogenes Verhältnis zwischen FQS und Frequenz ist oft schwer herzustellen, denn es besteht ein gewisses Paradoxon darin, die Arme lange vor dem Körper zu lassen und gleichzeitig die Armzyklen pro Minute zu erhöhen. Übrigens zeigt die Erfahrung, dass die Anhänger des FQS-Stils generell mit geringerer Frequenz schwimmen als Schwimmer im Wechselzug.

• Beim FQS-Stil ist eine Asymmetrie im Timing der Arme zu beobachten. Beim Wechselzugstil verhält es sich so, dass der untere Arm sich in der Druckphase befindet, wenn der obere Arm nach vorn zurückkehrt. Diese Symmetrie erleichtert die Beteiligung einer ganzen Reihe von Muskeln (im Wesentlichen der oberen Rückenmuskulatur) bei der Leistungserbringung.

Beim Kraulen im FQS-Stil verhält es sich so, dass der obere Arm nach vorn zurückkehrt, der untere Arm aber quasi noch immer ausgestreckt vorn liegt und erst verspätet den Unterwasserweg antritt. Durch diese Asymmetrie sind weniger Muskeln an der Bewegung beteiligt. Schwimmer mit guter Beinarbeit setzen in dieser Phase ihre Beine ein, um den Leistungsverlust zu kompensieren. Doch für Schwimmer, die ihre Beine nicht einsetzen wollen oder können, ist FQS offensichtlich weniger effizient als das Kraulen im Wechselzug.

Wer mit FQS schneller schwimmen will, muss all das im Hinterkopf behalten, sonst sind Momente der Vereinsamung und Frustration angesichts von Schwimmern mit mehr Frequenz und weniger Zuglänge vorprogrammiert. So kann der König des Pools in puncto Armzüge pro Bahn sich plötzlich entwaffnet sehen, wenn Schwimmer mit hoher Frequenz zwar weniger ästhetisch, aber effizienter im Wasser unterwegs sind. Um sich vom Wahrheitsgehalt dieser Aussage zu überzeugen, reicht es, sich einen Freiwasserwettkampf anzusehen. Sie werden verblüfft sein, mit welch hoher Frequenz die Teilnehmer diese Art Rennen bestreiten. Vom Streben nach Zuglänge sind sie weit entfernt, stattdessen „gleitet“ man bei hoher Frequenz.

29• SOLLTE MAN FREQUENZ ODER ZUGLÄNGE DEN VORRANG EINRÄUMEN?

Die Geschwindigkeit im Wasser ist das Ergebnis einer einfachen Gleichung: Geschwindigkeit ist gleich Zuglänge multipliziert mit der Frequenz.

V = A x F

Einfacher geht's nicht! Doch die Kombination ist schwierig zu beurteilen, wenn man schnell schwimmen will. Konzentriert man sich mehr auf die Zuglänge als auf die Frequenz oder eher umgekehrt? Idealerweise findet sich ein guter Kompromiss zwischen den beiden Parametern. Folgendes lässt sich beobachten:

• **Erstens:** Der **schnellste** Schwimmer ist im Allgemeinen derjenige mit der längsten Zuglänge. Das ist eine allgemein bestätigte Regel, auch wenn es berühmte Gegenbeispiele gibt (Janet Evans zum Beispiel), sie betrifft allerdings eher Schwimmer mit Ganzkörpereinsatz. Vorsicht: Gleitphase und Zuglänge dürfen nicht verwechselt werden, das sind zwei verschiedene Dinge (siehe S. 42).

• **Zweitens:** Der Schwimmer mit der längeren Zuglänge hat den besseren **Beinschlag**. Die Rolle der Beine ist in der Tat wichtig beim Streben nach Zuglänge (insbesondere bei der folgenden Feststellung).

- **Drittens:** Wer zur sehr nach Zuglänge strebt, generiert **Totzeiten**, die sich negativ auf die Geschwindigkeit auswirken. Deshalb endet ein Streben nach Zuglänge ohne leistungsstarken Beinschlag oft mit einer Schwimmperformance, die viel weniger effizient ist, als es scheint.
- **Viertens:** Eine zu hohe Frequenz beeinträchtigt die Hydrodynamik und dadurch auch die Zuglänge. Je höher die Frequenz, umso schwieriger wird es, eine **hydrodynamisch** günstige Haltung beizubehalten und Störbewegungen zu vermeiden.
- **Fünftens:** Es gibt keine direkte Verbindung zwischen **Ermüdung**, Frequenz und Zuglänge. Wer mit erhöhter Armzugfrequenz schwimmt, ermüdet nicht unbedingt schneller als ein niederfrequenter Athlet: Erstens weil keine Verbindung zwischen Frequenz und muskulärem Belastungsniveau besteht (ein wenig ähnelt der Sachverhalt der Situation beim Radfahren: Hochfrequentes Pedalieren muss nicht zu schnellerer Ermüdung führen, eher im Gegenteil). Zweitens: Wer mit höherer Frequenz schwimmt, atmet öfter pro Minute (und hat daher eine bessere Sauerstoffversorgung). Aus diesen Gründen setzen Freiwasserschwimmer (und die Langdistanzler im Becken) bei Wettkämpfen auf hohe Frequenz, auch wenn das zulasten der Zuglänge geht.

Zuglänge um ihrer selbst willen ist kontraproduktiv: Die Idee, sich vor allem anderen um die Zuglänge zu kümmern, sollte man getrost vergessen! Frequenz um der bloßen Frequenz wegen ist genauso wenig eine Lösung.

Als Schlussfolgerung empfehle ich, eher eine akzeptable Frequenz (in Armzüge pro Sekunde) anzustreben, unter die aber auch nicht abgesenkt werden sollte. Damit bleibt genügend Elan, genügend Dynamik erhalten, und Totzeiten werden vermieden. Für Schwimmer mit ineffektivem Beinschlag (oder die einfach ihre Beine schonen wollen) zahlt es sich sicher aus, auf Frequenz zu setzen (was natürlich individuell zu prüfen ist).

Bestimmen Sie Ihren effizientesten Rhythmus

Wie wir gesehen haben, steht die Frequenz nicht immer in Korrelation mit einem erhöhten Belastungsniveau, übrigens auch nicht mit einer schnelleren Geschwindigkeit. Um dies auch für sich selbst zu bestätigen und den effizientesten eigenen Rhythmus zu bestimmen, arbeitet der australische Trainer Paul Newsome (Gründer von www.swimsmooth.com) mit dem Begriff „sweet spot“.

Auf dieser Website wird ein Test vorgeschlagen, der Ramp Test, der eine progressive Frequenzsteigerung beinhaltet, bei der man auf die Entwicklung der Geschwindigkeit (oder der Zeit auf 50 m) und das Belastungsniveau achtet und die Werte notiert. Für den Test benötigt man die Hilfe eines Trainers oder Trainingspartners oder man muss mit einem Metronom (wie etwa der Tempo Trainer®) arbeiten. Bei Verfolgung der beiden Kurven (erreichte Zeiten und gefühltes Belastungsniveau) auf einer Frequenzachse ist festzustellen, dass die Zeiten bei steigender Frequenz nach und nach sinken, ohne dass das gefühlte Belastungsniveau zunimmt – natürlich nur bis zu einer gewissen Schwelle. In der Tat: Steigert man die Frequenz über diese Schwelle hinaus, nimmt das Belastungsniveau plötzlich zu, die Geschwindigkeit steigt, aber nicht mehr proportional (siehe Grafik).

Der „sweet spot“ entspricht einer Schwelle der Frequenzwerte. Sollten Sie jemals jemanden mit relativ hoher Frequenz und trotzdem locker ohne sichtbare Ermüdung durchs Wasser pflügen sehen, dann hat er oder sie sicher seinen beziehungsweise ihren „sweet spot“ (Komfortzone) gefunden!

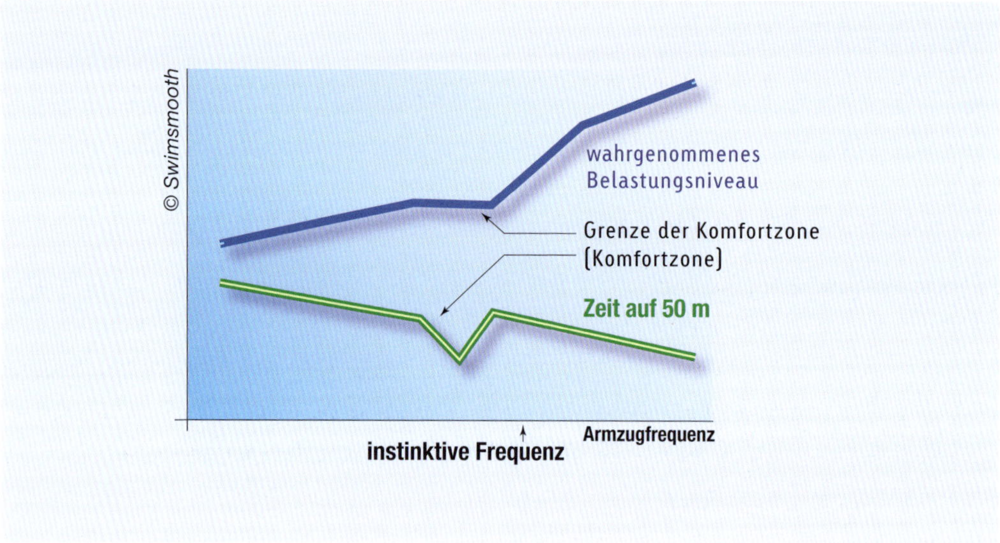

Paul Newsome ist der Meinung, man könne mehrere Komfortzonen haben: eine für die langen Strecken (langsamer Rhythmus, aerobe Belastung) und die andere für noch längere Belastungen. Jede Schwimmerin bzw. jeder Schwimmer muss die eigene Komfortzonengrenze finden, ohne vorgefasste Meinung zu Frequenz, Zuglänge und Belastungsniveau. Sie werden staunen!

Frequenzwerte im Wettkampf

Im Folgenden finden Sie die Armzugfrequenzen, die während der Olympischen Spiele 1996 und der Weltmeisterschaften 1998 erhoben wurden. Die Werte sind in Sekunden angegeben (z. B. 100 m Freistil Männer – 1 Armzug alle 0,54 s bis 0,60 s).

	FRAUEN	MÄNNER
50 m Freistil	0,46-0,50	0,45-0,54
100 m Freistil	0,54-0,57	0,54-0,60
200 m Freistil	0,56-0,63	0,59-0,70
400/500 m Freistil	0,55-0,71	0,65-0,79
800/1000 m Freistil	0,56-0, 68	
1500/1650 m Freistil		0,70-0,77
100 m Rücken	0,54-0,60	0,57-0,63
200 m Rücken	0, 71-0,75	0,68-0,71
100 m Brust	1,13-1,28	1,08-1,15
200 m Brust	1,33-1,76	1,43-1,58
100 m Schmetterling	1,07-1,15	1,07-1,15
200 m Schmetterling	1,11-1,33	

Wie gewinne ich an Zuglänge?

Alle, die der Überzeugung sind, dass die Zuglänge des Kraulschwimmers (die zurückgelegte Strecke je Armzug) vor allem von der Zuglänge seiner Bewegungen abhänge, möchte ich daran erinnern, dass das Wichtigste die hydrodynamische Haltung im Allgemeinen und insbesondere in jenem Augenblick ist, in dem der Schwimmer die größte Druckkraft auf das Wasser ausübt. Dieser entscheidende Moment entspricht in der Regel (bei guter Schwimmtechnik) dem Augenblick, da die Unterwasserhand sich lotrecht unter der Schulter befindet.

Genau jetzt ist die Position des Beckens entscheidend: Je näher der Schwimmer das Becken an die Wasseroberfläche bringen kann, umso geringer sind die Reibungskräfte und umso raumgreifender schwimmt er. Ergebnis: Umso größer ist sein Zuglänge.

TIPPS UND TRICKS

- Ein sehr einfach durchzuführender Test besteht darin, die Armzüge pro Bahn zu zählen, wobei Sie versuchen das Becken in dem Augenblick, in dem die Unterwasserhand sich lotrecht unter der Schulter befindet, nahe an der Wasseroberfläche zu halten.
- Wiederholen Sie das Prozedere und lassen dabei Ihr Becken in dem Augenblick, in dem die Unterwasserhand sich lotrecht unter der Schulter befindet, absinken.

- **Vergleichen Sie die beiden ermittelten Werte.**
- **Wenn Sie die Zuglänge eines Kraulschwimmers beurteilen, dann anhand einer Momentaufnahme, wenn der Druck der Hand auf das Wassers am stärksten ist: Es ist sehr wahrscheinlich, dass sich das Becken nahe der Wasseroberfläche befindet, wenn der Athlet oder die Athletin über eine große Zuglänge verfügt.**

30• WAS VERSTEHT MAN UNTER KÖRPERSPANNUNG?

Körperspannung? Die ganze Welt spricht am Beckenrand von Körperspannung. In Wahrheit haben viele Athleten Schwierigkeiten, den Begriff wirklich mit Inhalt zu füllen. Der wesentliche Grund rührt meiner Meinung nach von der Verwirrung her, die zwischen Körperspannung beim Schwimmen und dem Training mit Stütz- und Halteübungen (Stabilisationstraining) herrscht.

Die Stabi-Übungen setzen sich im Wesentlichen aus fixen Positionen zusammen, die bestimmte Zeitintervalle lang gehalten werden müssen; es wird statisch mit angespannter Core-Muskulatur gearbeitet.

Manch einer leitet daraus ab, dass zum Schwimmen mit Körperspannung die Kontraktion der Bauchmuskulatur erforderlich wäre. Und das ist gar nicht so einfach.

Wenn man darüber nachdenkt, hat Kraulschwimmen etwas Paradoxes an sich:

- Einerseits muss sich der Schwimmer verhalten wie ein spitz zulaufender Schiffsrumpf und steif wie ein Rennboot (das das Wasser durchschneidet).
- Andererseits muss der Schwimmer sich unter Wasser verhalten wie ein Paddel – kraftvoll, aber locker.

Die Körperspannung, das ist in diesem Bild der Schiffsrumpf. Der ganze Oberkörper des Schwimmers ähnelt der Schale eines Schiffskörpers. Stellen wir uns nun ein breites Rennboot vor, bei dem auf den spitzen Bug ein weicher, kraftloser und ausgeleierter Mittelteil folgt. Ein solches Boot wäre absolut nicht leistungsfähig.

Die „Paddelkomponente“ hingegen darf locker sein. Wenn wir jemanden davon sprechen hören, „locker zu schwimmen“, dann ist dieser Teil des Körpers angesprochen, und ganz bestimmt nicht der andere, der Rumpf.

Beim Schwimmen bedeutet Körperspannung weniger die Kontraktion der Bauchmuskulatur als das Streben nach möglichst maximaler Streckung vom Kopf bis zu den Füßen. Es ist also von „Streckung“ zu sprechen, nicht von „Anspannung“ (auch wenn es zugegebenermaßen wahr ist, dass Ausstrecken nichts mit Entspannung zu tun hat).

In dem Moment, in dem Ihr Arm gerade nach vorn ausgestreckt, das gleichseitige Bein nach hinten gestreckt ist und die Bauchmuskeln gespannt sind, müssen Sie sich vorstellen, Sie seien drei Meter groß (wie der Herzog von Guise, der „liegend noch größer war als aufrecht").

Und um diese drei Meter zu erreichen, muss man sich gewaltig nach vorn strecken, aber auch nach hinten. In diesem Moment muss man sich, bei korrekter Streckung, wahrhaft vom Wasser getragen fühlen.

Körperspannung ist also als maximale Streckung, steif und gespannt, zu verstehen. Wenn Sie so schwimmen wollen, werden Sie sorgsam auf die Verbesserung Ihrer Core-Muskulatur achten.

31• WAS BREMST DEN SCHWIMMER?

Niemand käme auf die Idee, Rad zu fahren und dabei ständig die Bremsen zu betätigen! Das wäre ja auch der größte Unsinn! Beim Kraulen ist es nicht so offensichtlich; es existieren aber durchaus „Bremsen". Man sieht sie nicht, trotzdem sind sie sehr oft fest angezogen.

Im Folgenden liste ich sieben derartige Bremsen auf:

Mangelnde Horizontalität

Natürlich hat es eine bremsende Wirkung, wenn nicht der ganze Körper im Kielwasser von Kopf und antreibenden Schultern folgt. Bei perfekt horizontaler Wasserlage generiert der Körper wenig Strömungswiderstand und fast die Gesamtheit der Leistung wird in Zuglänge umgewandelt. Ich verweise auf die Hai-Übung auf Seite 112.

Verlust an Elan

Der Geschwindigkeitsverlust, der sich aus der Bewegungsträgheit und der Einbuße von Schwung während der Armzugzyklen ergibt, bremst. Es ist auf eine regelmäßige Schwimmweise zu achten, als ob man von einer Strömung oder einem Fließband getragen würde; plötzliche Rucke und Stöße sind zu vermeiden.

Bildung einer Öffnung zwischen Schulter und Gesicht

Dieser Raum bremst, sobald er existiert. Es ist wichtig, darauf zu achten, ihn zu minimieren, besonders beim Atemholen, da sich der Kopf zu diesem Zeitpunkt sehr häufig von der Schulter löst.

Mangelnde Körperrotation

Ein unzureichendes Rollen der Schultern (sowohl im Bereich der oberen als auch der unteren Schulter) und in den meisten Fällen mangelndes Rollen des Beckens bremst. Folglich muss aufmerksam auf dieses berühmte Rollen geachtet werden.

Eintauchen der Hand zu dicht am Kopf

Wenn eine gute Zuglänge angestrebt wird, ist es sehr wichtig den Ellenbogen und die Hand weit vor dem Kopf zu strecken und dann erst die Hand einzutauchen. Wird diese Streckung gekürzt, erhöht man die Reibung im Wasser und verliert an Zuglänge.

Die Hand trifft mit der Innenfläche aufs Wasser

Das Eintauchen der Hand ins Wasser sollte so wenige Turbulenzen wie möglich hervorrufen. Wenn der Arm vor dem Kopf ausgestreckt wird und die Hand ins Wasser eintaucht, sollte nur geringstmöglicher Druck auf das Wasser ausgeübt werden.

Es sollte kein enger Winkel zwischen Wasseroberfläche und aufgerichteter Hand bestehen. Dieses Defizit ist häufig zu beobachten, wenige sind sich dessen bewusst. Sie tendieren dazu, die Hand in Richtung Wasseroberfläche zu weisen, sobald der Arm nach vorn ausgestreckt ist; das Wasser trifft somit auf die Handinnenfläche und die Unterseite des Unterarms.

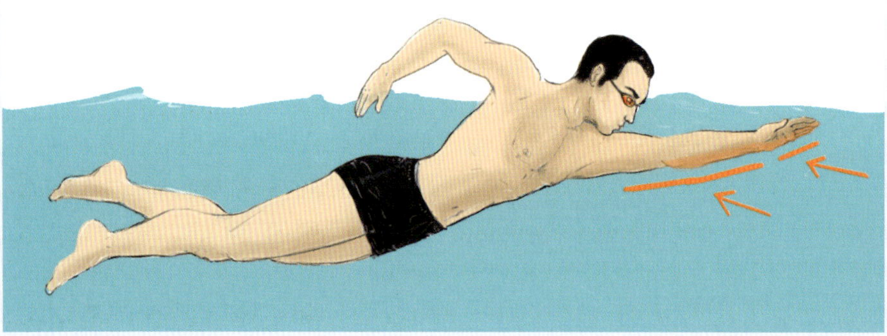

Durch die nach oben weisende Hand entsteht eine Reibungsfläche, die den Schwimmer bremst.

Beinschlag mit zu hoher Amplitude der Füße oder schlechter Umsetzung

Wenn die Beine oder Füße aus dem Kielwasser des Körpers herausgeraten, bremst das ebenfalls. Bei durchschnittlicher Technik oder wenn sich Erschöpfung breitmacht, schwimmt man mit mehreren angezogenen Bremsen (oder sogar allen). Bevor man an eine Verbesserung der Vortrieb liefernden Kräfte denkt, ist es wichtig, die Bremsen zu lösen - eine nach der anderen.

Die wesentlichen Bremsen des Schwimmers auf einen Blick:

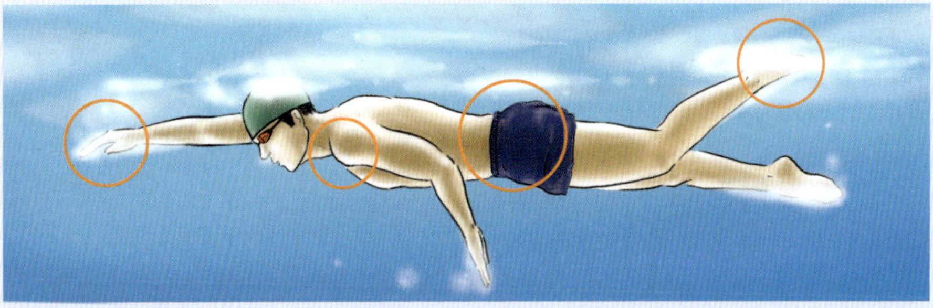

- **Hand und Arm, die sich in Richtung Wasseroberfläche strecken**
- **Schlechte Schulterstellung oder zu viel Abstand zwischen Schulter und Gesicht**
- **Absinkendes Becken**
- **Zu große Amplitude beim Beinschlag: Füße bzw. Beine treten aus dem Kielwasser des Körpers heraus**

32• MUSS MAN DEN KOPF WIRKLICH SENKEN ODER DOCH ANHEBEN?

In den meisten Fällen rät man Schwimmeinsteigern, den Kopf in „neutraler“ Stellung zu halten, das heißt in einer Stellung, die der beim aufrechten Gang an Land ähnelt: Das Kinn ist weder erhoben noch in Richtung Hals eingerollt.

Das verhindert jedoch nicht, dass wir beim Betrachten der Videos oder Fotos von sehr guten Schwimmern einen leicht erhobenen Kopf feststellen: den Blick nach vorn gerichtet. Es stellt sich also die Frage: Wie soll man den Kopf halten?

Drei Elemente sind bei dieser Frage zu berücksichtigen:

Der Frontalwiderstand

Stets ist auf die kleinstmögliche Frontalfläche des Körpers zu achten. Der Kopf sollte sich also in Neutralstellung befinden oder nur ganz leicht angehoben werden, was keinen großen Unterschied macht.

Ausgeglichene Horizontallage

Bei manchen Schwimmern (besonders bei denen mit einem unbeweglichen Rücken) führt das Heben des Kopfes möglicherweise zu einem absinkenden Becken. Machen Sie den Test: Strecken Sie im aufrechten Stand die Arme dicht am Kinn in die Luft und heben Sie schrittweise den Kopf, um an die Decke zu schauen. Je nach Beweglichkeit werden Sie Ihren Rücken spüren, und besonders im Lendenwirbelbereich wird es beginnen zu ziehen. Genau diese Stellung sollten Sie beim Kraulen vermeiden. Wenn man den Kopf zu sehr heben will, wird es kontraproduktiv und das genaue Gegenteil einer entspannten Körperhaltung, die beim Kraulen angestrebt werden sollte. Durch die Fehlstellung riskiert man Schmerzen im Lumbal- und/oder Halsbereich.

Der Komfort

Man muss sich im Wasser wohlfühlen. Verspannung im Nacken und Rücken sind zu vermeiden. Deshalb ist es wichtig, eine bequeme Kopfstellung einzunehmen. In einer solchen Situation empfiehlt sich die neutrale Stellung des Kopfes, er wird nur kurz angehoben, um nach vorn zu blicken.

Im Schwimmbecken bietet sich der Beckenboden mit seinen Kacheln und Linien zur Orientierung an, anhand derer man auch die eigene Geschwindigkeit einschätzen kann. Ideal wäre es also, zu erlernen, die Kopfhaltung von Zeit zu Zeit leicht zu ändern, ohne das horizontale Gleichgewicht zu verlieren.

Gleichzeitig muss aber die Stellung der Schulter nahe am Kinn gedacht werden. Durch die Neutralstellung des Kopfes darf es nicht dazu kommen, dass die Schulter sich ans Ohr anlegt. Das ist ein häufig zu beobachtendes Defizit und beeinträchtigt die Hydrodynamik. Wegen der Wichtigkeit des Sachverhalts wiederhole ich es noch einmal: **Die Schulter muss am Kinn anliegen**.

Zusatzfrage: Doch wie kommt es dann, dass manche Eliteschwimmer den Kopf ganz stark heben? Sie sind (sehr) schnell und nur kurze Zeit unterwegs. Durch die Tatsache des (sehr) hohen Schwimmtempos kommt es zu einer natürlichen Entgleisung der körpereigenen Wasserwaage – ein bisschen wie bei einem Motorboot, das sich bei höheren Geschwindigkeiten aufrichtet.

Für diese Schwimmer ist die Frage der Flexibilität im Rücken total sekundär, denn Gelenkigkeitsübungen gehören zu ihrem täglichen Training. Darüber hinaus ist ihre Wettkampfdauer aufgrund des hohen Tempos zwangsläufig relativ kurz (einige wenige Minuten), also spielt auch die Frage der Ermüdung in Hals und Genick keine große Rolle.

Als Schlussfolgerung kann man sagen: Jeder muss die für ihn oder sie bequemste Kopfhaltung finden. Im Zweifelsfall und für Einsteiger ist sicher die Neutralstellung des Kopfes erst einmal die sicherste Lösung.

33• SOLLTE DIE RÜCKHOLUNG DES ARMS GESTRECKT ODER GEBEUGT ERFOLGEN?

Eine bestimmte Schwimmtechnikschule empfiehlt, den Arm für den Luftweg gut zu beugen. Folgende Vorteile sprechen dafür:

- **Energieersparnis**

Normalerweise ist die Anstrengung bei der Rückholung eines gebeugten Arms geringer als bei einem gestreckten. Die Beugung sorgt für eine veränderte Massenverteilung (die Massen rücken näher an die Rotationsachse), was die Bewegung energiesparender macht. Der Arm kann den Weg schneller bewältigen – bei gleichem Belastungsniveau. Und schließlich ermöglicht die Beugung die Entspannung der Armmuskeln beim Weg durch die Luft, was die Belastung des Schwimmers in dieser Phase reduziert.

- **Geringeres Risiko des Lavierens**

Durch die Beugung wird es möglich, den Ellenbogen näher an der Körperachse zu halten. Das erleichtert es dem Schwimmer insbesondere, auf der Ideallinie zu bleiben. Jede abweichende Bewegung erfordert eine Gegenbewegung, um ein seitliches Ausbrechen zu verhindern. Diese Störbewegungen sind kontraproduktiv.

- **Schonung der Schulter**

Der gebeugte Ellenbogen schont die Schulter, weil das Schultergelenk nur über eine relativ limitierte Beweglichkeit verfügt, wenn es sich darum handelt, den gestreckten Arm von hinten nach vorn zu bringen. Ein gebeugter Ellenbogen ist demnach besser kompatibel mit unserer Anatomie.

Trotzdem hat **die Rückholung mit gestrecktem Arm** auch Vorteile:

- **Mehr Leistung**

Ein gestreckter Arm generiert mehr Kraft, weil eine größere Masse fern der Rotationsachse bewegt wird. Die Trägheitskraft ist größer, was eine Leistungssteigerung aufseiten des Schwimmers ermöglicht.

• **Man profitiert mehr von der Körperdrehung**
Durch den gestreckten Arm kann der Schwimmer gezwungen werden, den gesamten Körper bei der Drehung zu mobilisieren, um die mangelhafte Zuglänge der Schulter (was besonders beim Ganzkörperstil der Fall ist) zu kompensieren. Ziel ist es, den Ellenbogen nahe an der Körperachse zu halten, um ein Lavieren des Schwimmers zu verhindern. Bestimmte Trainer empfehlen übrigens Übungen mit Rückholung gestreckter Arme, um die Körperdrehung zu erlernen.

Also auch hier keine dogmatischen Vorschriften! Man kann die verschiedenen Bewegungen ausprobieren und auswählen, welche einem die komfortabelste Position verschafft oder die leistungsstärkste oder die am besten an die Geschwindigkeit des Schwimmers angepasste.

34• WARUM MUSS MAN AUCH UNTER WASSER AUF EINEN HOHEN ELLENBOGEN ACHTEN?

Das gilt übrigens ebenso für Schmetterling und Brustschwimmen. Beim Rückenkraul ist es umgekehrt, der Ellenbogen soll niedriger bleiben als die Hand (unzählige Anfänger tun jedoch das Gegenteil!).

Dafür gibt es zwei Hauptgründe:

• Der erste und offensichtlichste ist ein **größerer und längerer Betätigungsweg**. Wenn man den Arm mit einem Ruder gleichsetzt, mit dem der Schwimmer Vortrieb für sich selbst erzeugt, dann ist klar: Je mehr Wasser das Ruder entgegen der Fahrtrichtung bewegen kann, umso schneller ist der Schwimmer unterwegs (aufgrund des einfachen physikalischen Gesetzes von Aktion und Reaktion): Jeder Körper A, der eine Kraft auf Körper B ausübt, ist einer Kraft gleicher Intensität ausgesetzt, jedoch in umgekehrter Richtung, die von Körper B ausgeht.

Durch den hohen Ellenbogen platziert sich der Arm des Schwimmers schon sehr früh senkrecht zur Bewegung; das sind immerhin positive Kräfte, die den Schwimmer in der richtigen Richtung vorwärtsbringen.

Wenn der Schwimmer seinen Ellenbogen während des gesamten ersten Teils der Unterwasserstrecke nicht hochhält, wird er das Wasser nicht nach hinten, sondern auf drei Vierteln der Strecke nach unten drücken. Das wird seine Vortriebskraft entsprechend verringern.

• Der zweite Grund entgeht den Schwimmern ziemlich oft und ist ein Wesenszug der **Hydrodynamik**. Beim Schwimmen ist der erste und wichtigste Feind die eigene Frontfläche. Je mehr diese reduziert werden kann, umso besser durchdringt man das Wasser. Nun hat aber ein hoher Ellenbogen ab dem Beginn der Unterwasserbewegung als direkte Konsequenz eine Verringerung dieser Frontalfläche zur Folge. Das ermöglicht auch die Positionierung von Bizeps und Trizeps näher an der Horizontalen (als bei gestrecktem Ellenbogen). So reduziert sich die Frontfläche des Arms zu Beginn des Armzugzyklus auf die Fläche des Unterarms.

Um diese sehr spezielle Bewegung einfacher zu machen, gibt es einen kleinen Trick, der aus einer Innenrotation des Arms besteht, wenn er gestreckt wird; der Ellenbogen wird also nach innen gedreht, jedoch ohne die Hand zu drehen. Dank dieser Drehung platziert sich die Handfläche unterhalb des Ellenbogens. Der Unterarm nimmt eine vertikale Stellung ein. Im gegensätzlichen Fall, wenn man den Ellenbogen sinken lässt, sobald man den Unterarm beugt, sinkt der Ellenbogen und die Wirkung des Arms aufs Wasser wird ineffizient. Der Arm folgt seinem Weg durchs Wasser ohne den Druck auszuüben, den er aber ausüben sollte.

TIPPS UND TRICKS

• Um diese Bewegung vollends zu begreifen und zu beherrschen, können Sie folgende Übung trainieren: Setzen Sie sich mit ausgestreckten Armen vor einen Tisch, die Hände liegen flach auf dem Tisch. Dann drehen Sie Ihre Ellenbogen leicht nach innen. Das ist die Bewegung, die Sie versuchen müssen im Wasser zu reproduzieren, um Ihren Ellenbogen gut zu positionieren, bevor Sie ihn beugen.

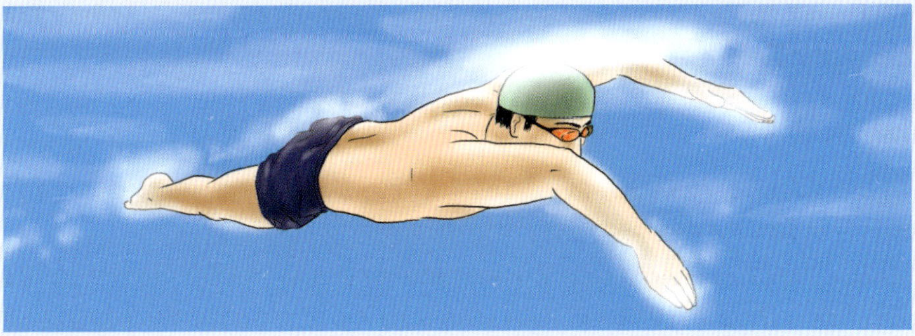

Der Schwimmer dreht seinen Ellenbogen leicht nach innen, um ihn in der Betätigungsphase des Arms hochhalten zu können.

35• WARUM IST DER ÜBERGANG VON 2ER- ZU 3ER-ATMUNG SO SCHWIERIG?

Es gibt Schwimmer, die gewohnheitsmäßig alle 2 oder 4 Armzüge atmen, aber Schwierigkeiten haben, auf 3er- oder 5er-Atmung umzustellen, obwohl sie das technische Rüstzeug dazu hätten.

Der Grund für diese Schwierigkeit geht auf die unterschiedlichen „Armzeiten" zurück. Wenn man nämlich etwa mit 2er-Atmung krault (Atmung alle zwei Armzüge, also einmal pro Armzugzyklus), hat man den (oft falschen) Eindruck, der Zyklusanteil des linken Arms sei identisch mit dem des rechten. Das stimmt aber bei den meisten Schwimmern nicht. „Schwacher" und „starker" Arm (auf dessen Seite man atmet) agieren unterschiedlich.

Um das nachzuweisen, genügt ein Metronom (z.B. Tempo Trainer®). Als Athlet mit 2er-Atmung stellen Sie das Metronom auf die Eintauchzeiten ihrer Hände ein und das „Bip" wird Ihnen sicher zeigen, dass sich mit der Änderung der Atmung auch andere Zykluszeiten ergeben, denn bei Schwimmern, die immer nur auf einer Seite atmen, ist meist ein asymmetrisches Timing zwischen den beiden Armen zu beobachten.

Um sich in das Kraulen mit 3er-Atmung einzugewöhnen, braucht es außerdem:

- entweder einen Kraulstil mit einem perfekt symmetrischen Timing zwischen den beiden Armen: Die komplette Bewegung des rechten Arms dauert exakt genauso lang wie die komplette Bewegung des linken Arms
- oder Sie müssen die Asymmetrie der Arme durch eine Asymmetrie des Timings der Atmung kompensieren, indem Sie auf der Seite des „schwachen" Arms etwas früher oder etwas später einatmen. Dadurch kann man das empfundene Unbehagen (Ungleichgewicht des Schwimmstils, Heben des Kopfes etc.) abschwächen

ÜBUNG

- Zum besseren Begreifen dieses Phänomens gibt es eine gute Übung: die 1er-Atmung wechselseitig, das heißt es wird bei jedem Armzug geatmet (rechter Arm im Wasser, links atmen, linker Arm im Wasser, rechts atmen usw.). Durch diese Übung wird man der Finesse des Timings bei der Atmung gewahr, insbesondere in Hinblick auf die Bewegung jedes einzelnen Arms. Diese Übung mag zu Beginn vielleicht etwas verwirrend sein, doch sie ist sehr nützlich, um die besten Zeitpunkte zur Atmung zu ermitteln. Es gibt auch Schwimmer, die nutzen diesen Rhythmus nach der Wende zum erneuten Beschleunigen.

36• WARUM HAT MAN MANCHMAL DEN EINDRUCK, RÜCKSCHRITTE ZU MACHEN?

Schwimmen ist manchmal ein undankbarer Sport, besonders für Späteinsteiger oder diejenigen, die ihn nicht so betreiben können, wie sie ihn lieben.

Es gibt Momente großer Entmutigung, insbesondere jene Tage, an denen man ins Wasser springt, sich die gewohnten Empfindungen sich aber nicht sofort einstellen. Man hat den Eindruck, das im vorherigen Training Gewonnene wieder verloren zu haben, als man sich noch so gut fühlte. Das passiert, wenn man eine zu lange Trainingspause einlegt; aber auch wenn man am Vortag und Vorvortag geschwommen ist, kann es Tage geben, an denen die positiven Gefühle im Wasser fehlen. Wer kennt sie nicht, diese glücklosen Tage?!

Vielleicht haben Sie es noch nicht bemerkt, doch oft kommt es zu diesen Ausfalltagen, wenn man Kraul schwimmt. Brust- und Schmetterlingsschwimmern passiert das einfach seltener, ebenso den Rückenkraulern.

Warum also gerade beim Kraulschwimmen? Und wie kann man diese Ausfalltage umgehen?

Aus anatomischer Sicht lässt sich sagen, dass es sich bei der horizontalen Wasserlage des Kraulschwimmens um eine künstliche Haltung handelt; auch wenn man sich dessen wenig bewusst ist, ist sie für die meisten von uns alles andere als natürlich. Im Rücken und Becken ist große Flexibilität erforderlich. Unsere alltägliche sitzende Lebensweise führt zu Versteifungen und verkürzten Muskeln, Sehnen und Bändern; all das erschwert uns die gestreckte Stellung beim Kraulen, besonders mit zunehmendem Alter.

Regelmäßiges Schwimmtraining (mehrmals die Woche) kann die Gelenkigkeit des Körpers erhalten und sogar verbessern. Wenn man umgekehrt nur in großen Abständen im Wasser trainiert, zum Beispiel nur am Wochenende, dann ist die Wahrscheinlichkeit, die Leichtigkeit und gute Horizontallage beim Schwimmen wiederzufinden, einfach geringer.

Bei einem versteiften Körper erliegt der Schwimmer einer Tendenz, das Becken und die Beine durchhängen zu lassen. Wenn das bei Ihnen der Fall ist, sollten Sie sich mit den im Folgenden dargestellten Lösungswegen beschäftigen.

- Achten Sie auf regelmäßige Gelenkigkeitsübungen während der Woche, um die negativen Effekte der sitzenden Lebensweise zu limitieren. Strecken Sie den Rücken und das Becken, bei der Gelegenheit können Sie auch gleich die Fußgelenke dehnen, das kommt Ihrem Beinschlag zugute. Und wenn Sie zu Fuß unterwegs sind, denken Sie einfach daran, aufrecht zu gehen: Nehmen Sie die Schultern zurück und richten Sie den Brustkorb auf.
- Wichtig ist auch ein leichtes Aufwärm- und Dehnprogramm vor Beginn einer Schwimmeinheit. Daran denken nur wenige, aber Sie haben vielleicht bemerkt, dass die guten

Schwimmer sich ab einem bestimmten Alter fast systematisch damit beschäftigen, bevor sie ins Wasser steigen. Und das nicht ohne Grund. Optimal sind leichte Dehnübungen mit dem Ziel, eine aufrechte Haltung wiederzufinden, mit gerader Wirbelsäule (man kann auch die Schultern, Arme, Fußgelenke etc. dehnen, doch die Dehnübungen, von denen ich hier spreche, zielen spezifisch auf eine gute Körperhaltung, was dann den Übergang zwischen dem festen Boden und dem feuchten Element erleichtert).

Es gibt noch ein anderes Phänomen, das ich bei meinen Recherchen entdeckt habe, und das hat mit den Wasserwirbeln im Becken zu tun: In vielen Schwimmbädern fehlen Wellenbrecherleinen, die die von anderen Schwimmern verursachten Wirbel stoppen. Dadurch ist das Wasser im Becken sehr unruhig, was sich oft negativ auf Technik auswirkt, besonders bei Einsteigern auf der Suche nach den ersten physischen Erfahrungen. Idealerweise schwimmt man natürlich in ruhigem Wasser, doch falls Sie jemals mit dem Gedanken an einen Start bei einem Freiwasserwettkampf spielen, sollten Sie versuchen, sich an unruhiges Wasser zu gewöhnen.

37• WIE KANN ICH ZEITSPAREND KÖRPERSPANNUNG UND BEINARBEIT TRAINIEREN?

Wir haben alle übervolle Stundenpläne und Terminkalender, sind also gezwungen, unsere Trainingseinheiten so weit wie möglich zu optimieren. Im Folgenden habe ich einige Vorschläge für das Oberschenkel- und Rumpfmuskeltraining zusammengestellt, die man quasi nebenher und ohne große Beachtung absolvieren kann.

Denken Sie an den Beineinsatz bei den Wenden

Machen wir uns nichts vor: Auf 2 km Schwimmstrecke im 25-m-Becken kommen 79 Wenden (im 50-m-Becken immer noch 39). Wenn Sie sich bei jeder Wende kräftig von der Wand abstoßen, bedeutet das 79 Mal Beanspruchung der Beinmuskulatur (im Wesentlichen des Quadrizeps). Das diesbezügliche Training kann Ihnen auch in anderen Sportarten zugutekommen (Radsport, Laufsport, Skilaufen etc.).

Rumpfmuskeltraining bei jeder Wende

Erwägen Sie, nach jeder Wende (nach dem Abstoßen) ein oder zwei Schmetterlingswellen einzubauen. Mit so wenig Arbeit können Sie auf lange Sicht Ihre Rumpfmuskulatur stärken. Auf einer Schwimmstrecke von 2 km kämen Sie zum Beispiel auf mindestens 80 solcher Wellenbewegungen.

Halten Sie beim Brustschwimmen die gestreckte Stellung ein bisschen länger

Halten Sie bei lockeren Brusteinheiten die Streckung des Körpers einige Sekunden lang (zählen Sie zum Beispiel in Gedanken bis drei); achten Sie dabei auf das Anspannen der Bauch- und Gesäßmuskeln. Auf einer Schwimmstrecke von 25 m sind das schnell 8 Streckungen/Kontraktionen: 8 x 3 Sekunden = 24 Sekunden Halteübung zur Verbesserung Ihrer Körperspannung. So viel ist dadurch gewonnen!

38• WERDEN BEIM SCHWIMMEN DIE BAUCHMUSKELN TRAINIERT?

Schwimmen selbst ist kein systematisches Bauchmuskeltraining, doch auf eine bestimmte Art und Weise kann Schwimmen uns übermäßige Kräftigungsübungen an Land ersparen (zum Beispiel diese langen und langweiligen Bauchmuskelserien am Boden: Crunches, Sit-ups, Stabi-Übungen, Core-Übungen ...). Hier einige Vorschläge, wie Sie Ihre Bauchmuskeln während des Schwimmens trainieren können.

ÜBUNGEN

• Versorgen Sie sich mit einem Paar kleiner Flossen und ziehen Sie mehrere Bahnen, indem Sie sich durch wellenförmige Körperbewegungen vorwärtsbewegen: auf dem Rücken, in Bauchlage, aber auch seitwärts (übrigens auch eine exzellente Übung zur Kräftigung der schrägen Bauchmuskulatur).

Für letztere Übung strecken Sie sich in Seitenlage aus, den Unterwasserarm nach vorn ausgestreckt, der andere Arm am Körper anliegend. Die Flossen helfen beim Vorwärtskommen; wenn Sie zu sehr ermüden, setzen Sie etwas Fußarbeit ein.

Zum Atmen drehen Sie den Oberkörper leicht oder Sie richten sich mithilfe der Unterwasserhand und einer Minibruststilbewegung ein wenig auf. Um diese wichtige Technikübung anspruchsvoller zu gestalten, können Sie, während Sie sich in Rücklage wellenförmig vorwärtsbewegen, die Arme senkrecht in Richtung Hallendecke in die Luft strecken!

• Trainieren Sie die Haiübung (siehe S. 112); achten Sie auf die stabil vertikale Lage des Schwimmbretts durch die Kraft Ihrer Bauchmuskeln.

• Schwimmen Sie mit einem Pull Buoy zwischen den Fußgelenken (verbinden Sie die Fußgelenke gegebenenfalls mit einem Gummiband) und versuchen Sie das Becken stabil zu fixieren. Wenn Sie den Pull Buoy zwischen den Oberschenkeln platzieren, ist die Wirkung auf die Bauchmuskeln geringer.

39• WIE VERMEIDET MAN, DEN KOPF BEIM ATMEN ZU SEHR ZU HEBEN?

Das ist ein weitverbreiteter Fehler! Der Schwimmer hebt den Kopf zum Atmen, was sein horizontales Gleichgewicht stört. Wenn der Kopf gehoben wird, sinken Becken und Beine ab und bremsen den Athleten, weil er einen großen Teil seiner hydrodynamischen Lage einbüßt. Im Rahmen des Möglichen sollte der Schwimmer beim Atemholen sein hydrodynamisches Profil beibehalten. Deshalb werden zum Atmen nur die Schultern gerollt und der Kopf damit in die richtige Position zum Luftholen gebracht.

Machen Sie den Test: Wenn Sie die Anzahl an Armzügen pro Bahn erhöhen, weil Sie alle 2 Armzüge atmen anstatt alle 3 oder 4, dann ist es wahrscheinlich, dass Sie beim Atmen an Hydrodynamik verlieren.

TIPPS UND TRICKS

- Denken Sie im Augenblick des Luftholens daran, ein Auge über Wasser zu halten und eins unter Wasser. Die entstehende Welle reicht aus, um den Mund freizugeben und kein Wasser zu schlucken.
- Zwingen Sie sich, einzuatmen, wenn die Rollbewegung der Schultern abgeschlossen ist und nicht früher, das heißt unmittelbar bevor Sie sich zurückdrehen. Instinktiv neigt man dazu, Luft zu holen, sobald man spürt, dass man den Mund aus dem Wasser heben könnte, Sie müssen jedoch noch ein ganz klein wenig warten, damit der Mund sich durch das Schulterrollen aus dem Wasser hebt. Dieser Ratschlag gilt vor allem für Einsteiger. Erfahrene Schwimmer erlernen hingegen, möglichst schnell einzuatmen, bevor die Traktion des Unterwasserarms beginnt, um eine zu große Reibungsfläche zwischen Kopf und Unterwasserschulter zu vermeiden.
- Verzichten Sie während der Atemphase nicht auf die Ganzkörperstreckung (denken Sie daran, den Kopf gegen die Schulter zu drücken), noch weniger als bei den Bewegungsabläufen ohne Atmung. Visualisieren Sie ein enges vertikales Band, das Ihre Schulter und Ihren Kopf umschließt. Im Moment der Atmung bleiben Sie gut ausgestreckt, um durch dieses virtuelle Band schlüpfen zu können und denken Sie stets daran, die Lücke zwischen der Wange und der Unterwasserschulter zu schließen.

Wie bereits erläutert, machen bestimmte Eliteschwimmer den Eindruck, den Kopf zum Atmen zu heben. In der Tat liegt das daran, dass sie versuchen, sehr früh im Armzugzyklus einzuatmen, noch bevor der Unterwasserarm begonnen hat, signifikant auf das Wasser einzuwirken.

Das ermöglicht ein verbessertes hydrodynamisches Profil, das bleibt. Wenn man das Einatmen nämlich beendet, wenn der Unterwasserarm schon fast die Vertikale der Schulter erreicht hat, riskiert man sehr wahrscheinlich die Bildung einer größeren Reibungsfläche zwischen Hals, Schulter und sogar dem Arm. Außerdem ist das für die meisten Schwimmer die kritischste Phase, weil das Gleichgewicht Gefahr läuft, gestört zu werden. Wenn man es hingegen schafft, das Einatmen früher abzuschließen, dann liegt der Unterwasserarm noch ausgestreckt vor dem Körper und man räumt viele der Nachteile, die ich gerade beschrieben habe, aus dem Weg. Aus diesem Grund lösen die angesprochenen Schwimmer in dem beschriebenen Augenblick sehr rasch ein wenig den oberen Teil des Oberkörpers aus dem Wasser, aber sie heben nicht wirklich den Kopf (sonst würden sie eine Lücke zwischen Kopf und Schulter öffnen, in die sich das Wasser stürzen würde). Also Achtung! Nicht die beiden Sachverhalte verwechseln: Einmal hebt sich der Kopf von der Schulter, das andere Mal hebt sich der Oberkörper ein wenig aus dem Wasser, um das Einatmen so früh wie möglich abzuschließen. Diese Technik lässt sich von guten Schwimmern perfekt umsetzen. Das Wichtigste ist, dass die Einheit des Körpers nicht aufgelöst wird. Die Technik erfordert mehr Anstrengung als einfach in der Horizontalen zu bleiben. Deshalb findet sie eher in intensiven Trainingseinheiten Anwendung.

40• ICH NEIGE ZUM LAVIEREN. WIE KANN ICH DAS VERHINDERN?

Übergreifen, Lavieren oder Schlangenlinien bezeichnen alle denselben Fehler, den man häufig bei Kraulschwimmern antrifft. Der Athlet streckt seinen Arm nicht entlang der Schulterachse aus, sondern greift über die Körpermittellinie.

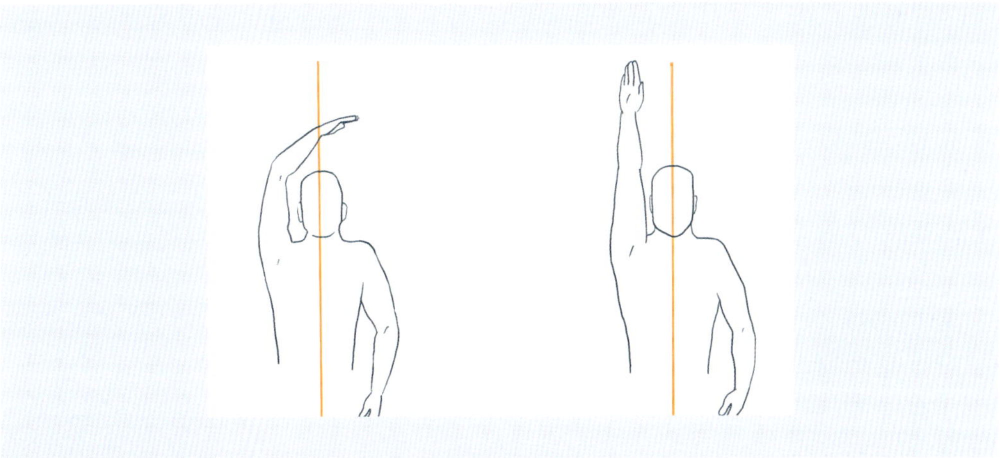

Ergebnis: Das Übergreifen führt zu den Schlangenlinien mit der Folge eines oft zu ausgreifenden Beinschlags, der komplett aus dem Kielwasser des Rumpfes gerät, was den Schwimmer natürlich bremst.

ÜBUNG

Beim geschilderten Problem kann die Übung „Abschlagschwimmen" helfen, bei der der eine Arm seine Bewegung nicht beginnt, bevor der andere Arm neben ihm vor dem Körper ausgestreckt ist (siehe gegenüberliegende Seite).

Bestimmte Schwimmer beugen den Arm im Moment des Wassereintritts oder erzwingen die Streckung der Schulter nach innen. Ergebnis: Die Hand taucht fast vor der gegenüberliegenden Schulter ins Wasser. Das verringert die Körperstreckung und führt direkt ins Lavieren (der Körper folgt keiner geraden Linie, sondern eher einer Reihe kleiner Kreisbögen nach rechts und links - ein bisschen wie eine Schlange sich bewegt).

ÜBUNG

Zur Korrektur des Fehlers muss man daran denken, den Arm in Verlängerung der Schulterachse auszustrecken (ja sogar ein ganz klein wenig nach außen). Gegebenenfalls kann man zu Beginn für den nach vorn ausgestreckten Arm eine Haltezeit festlegen, um die korrekte Positionierung der Hand in Relation zur Körperachse genau zu erfassen.

Oft wird dieser Fehler als mangelnde Körperspannung interpretiert. Es hat sich jedoch gezeigt, dass in den meisten Fällen diejenigen mit diesem Fehler kämpfen, die die Bewegungen des Kraulschwimmens nicht verinnerlicht haben. In Wahrheit neigen sie dazu, übers Wasser zu „kriechen". Beobachtet man sie nämlich von oben, bekommt man den Eindruck, sie würden vorwärtskriechen wie an Land. Statt der Schlangenlinien sollte der Kraulschwimmer sich aber auf die **Körperrotation** konzentrieren und den Ellenbogen in einer fast vertikalen Ebene bewegen (der Ellenbogen wird abgespreizt, was ein vertikales Anheben des Arms ermöglicht). Wer sich im Wasser vorwärtsschlängelt, neigt hingegen dazu, flach auf dem Wasser liegenzubleiben und den Ellenbogen in der Luft körperfern und fast in der Horizontalen zu führen. Bei einem solchen Bewegungsablauf kommt es mit Sicherheit zu einem schlangenlinienförmigen Kraulstil (selbst wenn eine absolut tadellose Körperspannung vorliegt).

KAPITEL 4

ELEMENTARE ÜBUNGEN

Es gibt viele Schwimmübungen, ganz besonders fürs Kraulschwimmen. Einige Trainer sind bei diesem Thema überaus erfindungsreich. Im Folgenden habe ich eine Liste der unerlässlichen und grundlegenden Kraulübungen zusammengestellt, die Ihnen sicher zu Fortschritten verhelfen können, ganz gleich auf welchem Niveau. Falls Sie Einsteiger sind, empfehle ich Ihnen, sich diesen Übungen mit großer Ruhe und Ausdauer zu widmen, bis Sie sie komplett beherrschen.

41• ABSCHLAGSCHWIMMEN

Eine sehr einfache und für Einsteiger besonders empfehlenswerte Übung.

ÜBUNG

Ausgangslage ist die Bauchlage mit beiden Armen ausgestreckt vor dem Körper, der Vortrieb erfolgt über den Beinschlag. Dann starten Sie mit einem Arm, zum Beispiel dem linken, einen Armzugzyklus, während der rechte Arm in seiner gestreckten Stellung vor dem Körper verbleibt. Erst wenn der linke Arm seinen Zyklus komplett abgeschlossen hat und sich wieder vor dem Körper ausstreckt, beginnt der rechte Arm seinen Zyklus und der linke Arm ruht ausgestreckt vor dem Körper.

Diese Übung ermöglicht die separate Beschäftigung mit jeweils einem einzelnen Arm, um den Armzug zu perfektionieren.

42• DER EINARMIGE PINGUIN

ÜBUNG

Gemeint ist einarmiges Kraulschwimmen, wobei der inaktive Arm seitlich am Körper anliegt. Geatmet wird bei jedem Armzug. Die Atmung kann auf der dem inaktiven Arm gegenüberliegenden Seite erfolgen, was einfacher ist, oder auf der inaktiven Seite, was eine hohe Arbeitsbelastung für den aktiven Arm bedeutet und aus Sicht des Gleichgewichts schwieriger ist. Achten Sie auf einen kompletten Bewegungszyklus des aktiven Arms bis zum Abschluss unter Wasser und auf die Körperrotation nach beiden Seiten bei jeder Aktion des Arms.

Die Übung hat mehrere Vorzüge:

- Man hat beim Atmen ein sofortiges Empfinden für das Absinken des Körpers, da man mit dem anliegenden Arm nicht (unbewusst) gegensteuern kann.
- Da die Streckung im Wasser reduziert ist, ist das fehlende Gleichgewicht in der Körperlängsachse sofort spürbar. Man ist also gezwungen, an der eigenen Kopfposition zu arbeiten, um die eigene Horizontallage nicht zu verlieren.
- Das Gefühl des Gleitens ist viel besser wahrnehmbar (falls die Bewegung gut umgesetzt wird), weil während des Luftwegs keine Traktion existiert.

Ich rate, besonders zu Beginn, diese Übung mit kleinen Flossen zu trainieren. Das verstärkt die körperliche Wahrnehmung, was wiederum die Übung erleichtert und die Beine trainiert.

Diese Übung eignet sich auch hervorragend für ein Symmetrietraining, weil beide Arme identisch trainiert werden, ebenso wie die beidseitige Atmung, denn es wird zu beiden Seiten geatmet (Entscheidung siehe oben).

43• SCHWIMMEN MIT GESCHLOSSENEN FÄUSTEN

ÜBUNG

Diese Übung ist sehr simpel. Sie besteht aus normalem Kraulschwimmen, jedoch mit geballten Fäusten. Da die Verwendungsfläche der Hand extrem verkleinert ist, muss der Schwimmer verstärkt auf den Einsatz von Unterarm und Oberarm zurückgreifen.

Die Übung kann hervorragend dazu genutzt werden, zu lernen, die Armarbeit zu analysieren und die Körperrotation zu kontrollieren. Auch Anti-Paddles können diesen Effekt reproduzieren. Alternativ kann ein kleiner Ball in jeder Hand gehalten werden.

44• DER FROGGER

Eine Visualisierungsübung, die den Namen eines bekannten Videospiels aus den 1980er-Jahren trägt.

ÜBUNG

Stellen Sie sich vor, Sie würden auf einer langen Linie/Reihe von hintereinanderliegenden Baumstämmen kraulen. Bei jedem Wasserfassen stellen Sie sich vor, Sie würden mit Hand und Unterarm das obere Ende des jeweiligen Stamms packen und es so weit wie möglich hinten sich stoßen. Konzentrieren Sie sich auf die Stoßbewegung mit dem Arm, aber machen Sie sich auch bewusst, dass der Stoß mit der Kraft aus dem Oberkörper (aus der mit der Körperdrehung verbundenen Rotation) erfolgt.

Ziel der Übung ist es, das Einwirken des Arms auf das Wasser gut zu spüren, während der Arm gebeugt ist.

Die Übung kann mit der Visualisierung eines Fasses kombiniert werden (ohne dabei Baumstamm und Fass zu verwechseln). Dabei liegen die Fässer quer zur Schwimmrichtung und im Moment des Wasserfassens umfasst der Arm das Fass. Die Visualisierung hat zum Ziel, den hohen Ellenbogen zu trainieren und den Arm in einer optimalen Position zur Einwirkung auf das Wasser zu platzieren. Im Englischen existiert für die entsprechende Technik sogar die Bezeichnung *swimming over the barrel* (übers Fass schwimmen).

45• DEN LUFTWEG DES ARMS TRAINIEREN

Zu dieser Übung gibt es mehrere Varianten.

ÜBUNG

Die Rückführung des Arms erfolgt mit gebeugtem Ellenbogen und so, dass die Fingerspitzen auf dem gesamten Luftweg vom Wasseraustritt bis zum Wiedereintritt über die Wasseroberfläche streichen.

- Die Übung zwingt den Schwimmer zur Beibehaltung der Ellenbogenbeugung über den gesamten Luftweg.

• Der Schwimmer erlernt eine gute Platzierung der Hand nahe der Körperachse (das ist gleichbedeutend damit, dass sich auch der Ellenbogen nahe der Körperachse bewegt).
• Der Schwimmer erlernt den optimalen Ort zum Eintauchen der Hand.

VARIANTE

Alternativ kann man für den Luftweg der Hand auch eine Haltezeit festlegen, zum Beispiel in dem Augenblick, in dem die Hand die Lotrechte der Schulter passiert. Dadurch wird einem die Position des Arms während der Bewegung besonders gut bewusst.

VARIANTE

Mit demselben Ziel(en) kann man auch mit der Hand die eigene Achselhöhle, die Schulter, den Kopf (oder alle diese Punkte nacheinander) während eines Zyklus berühren. Die Übung verschafft Ihnen einen guten Eindruck von der Position des Arms und der Hand.

46• DER HAI

ÜBUNG

Platzieren Sie ein Schwimmbrett zwischen den Oberschenkeln und schwimmen Sie Ihre Bahnen unter besonderer Beachtung des richtigen Schulterrollens; gleichzeitig versuchen Sie, das Brett so senkrecht wie möglich zu halten.

Auf diese Weise können Sie

• die Bauchmuskeln trainieren
• die Verbindungen zwischen Bauch-, Rücken- und Armmuskulatur „erspüren“ (beim Wasserfassen)
• die wichtige Oberkörpertorsion „erfühlen“

Um die Übung leichter umsetzen zu können, stellen Sie sich vor, das Schwimmbrett wäre über ein Gummiband mit der Mitte Ihres Unterarms verbunden: Das Band spannt sich in dem Moment, in dem Ihr Arm beginnt, aufs Wasser einzuwirken, um anschließend zurückzuschnellen und Ihren Arm nach hinten zu ziehen.

Man kann sich bei dieser Übung auch darauf konzentrieren, das Schwimmbrett nicht stabil senkrecht zu halten, sondern zu beiden Seiten zu neigen. Darüber hinaus eignet sich die Übung auch für das Training der seitlichen Neigung des Beckens. Der Hai kann weiter dazu dienen, sich die Bedeutung eines hoch im Wasser liegenden Beckens (nahe der Wasseroberfläche) bewusst zu machen, und zwar im Moment der größten Kraftentwicklung des Unterwasserarms (wenn der Unterwasserellenbogen die Lotrechte der Schulter passiert).

Damit das Schwimmbrett an Ort und Stelle bleibt, muss der Schwimmer seine Oberschenkel fixieren, folglich findet der Beinschlag erst unterhalb des Knies statt (und nicht wie regulär ab der Hüfte). Dieser Beinschlag mit Kniebeugung hat pädagogischen Wert, wie wir noch sehen werden.

ÜBUNG

- Beginnen Sie mit der Beinarbeit, während die Arme vor Ihnen ausgestreckt sind. Normalerweise kommen Sie gar nicht vorwärts, weil allein die Beinarbeit mit gebeugten Knien keinen wirklichen Vortrieb generiert.
- Als Nächstes nehmen Sie die Arme dazu, der Beinschlag erfolgt im 2er-Rhythmus, das Brett klemmt weiterhin zwischen den Oberschenkeln. Synchronisieren Sie Ihre Beinarbeit präzise, für das linke Bein heißt das: Es muss seinen Arbeitstakt genau in dem Moment beenden, in dem die rechte Hand sich unter Ihrem Körper befindet und umgekehrt. Sie werden einen signifikanten Geschwindigkeits- und Zuglängenzuwachs bemerken.
- Um Sie davon zu überzeugen, vergleichen Sie die Zahl Ihrer Armzüge auf einer Bahn mit und ohne Brett zwischen den Beinen.

Die größere Zuglänge erklärt sich dadurch, dass das Becken näher an der Wasseroberfläche liegt. Der „halbierte“ Beinschlag (nur unterhalb des Knies) hebt Ihr Becken im entscheidenden Augenblick der maximalen Kraftentfaltung des aktiven Unterwasserarms in Richtung Wasseroberfläche an. Dadurch verringert sich der Wasserwiderstand Ihres Körpers und die von Ihnen investierte Leistung wird unmittelbar in größere Zuglänge umgewandelt. Das ist die klare Beweisführung, dass die Wasserlage beim Kraulen von fundamentaler Bedeutung ist. Und es ist der Schlüssel zur Geschwindigkeit im Wasser: Bei gleichem Krafteinsatz hat man die größere Zuglänge, da das Becken im Moment des Vortriebsmaximums des aktiven Arms näher an der Wasseroberfläche gehalten werden kann.

47• BREMSEN LÖSEN

Die Übung hat zum Ziel, Folgen des ungewollten Bremsens abzustellen (siehe dazu auch S. 95).

ÜBUNG

• Platzieren Sie einen Pull Buoy (oder ein Schwimmbrett) zwischen den Beinen und konzentrieren Sie sich auf das Ziel der Übung (um die horizontale Wasserlage brauchen Sie sich normalerweise nicht kümmern, dafür sorgt das Auftriebsmittel zwischen Ihren Beinen).

• Schwimmen Sie mehrere Bahnen, bis Sie sicher sind, alle Bremsen gelöst zu haben. Besonders wichtig: Schwimmen Sie, ohne den Vortrieb zu fokussieren. Dabei zählen Sie Ihre Armzüge pro Bahn.

• Dann lassen Sie den Pull Buoy weg und versuchen dieselbe Technik beizubehalten: dieselben Bewegungsabläufe, dasselbe Tempo. Falls Sie ohne Auftriebsmittel mehr Armzüge pro Bahn benötigen als mit Auftriebsmittel, ist es wahrscheinlich, dass noch mindestens eine Bremse angezogen ist. Nehmen Sie sich noch einmal die Abbildung auf Seite 97 vor und finden Sie die verbliebene(n) Bremse(n).

Wiederholen Sie die Übung in regelmäßigen Abständen.

VARIANTE

• Hier noch eine Variante der beschriebenen Übung, falls Ihnen ein Tempo Trainer® (oder ein ähnliches Metronom) zur Verfügung steht:

• Schwimmen Sie mit mittlerem Tempo (z. B. 60 Armzügen/Minute) und blenden Sie jeden Gedanken an den Vortrieb aus, konzentrieren Sie sich stattdessen nur auf das Lösen der Bremsen. Dabei zählen Sie die Armzüge pro Bahn.

• Versuchen Sie bei gleichbleibendem Tempo die Zahl der Armzüge pro Bahn einzig durch Lösen der verbliebenen Bremsen zu verringern, ohne den Vortrieb zu verstärken.

KAPITEL 5

DER WEG ZUR PERFEKTION

Sobald die Grundbewegungen des Kraulens erst einmal verinnerlicht sind, wächst vielleicht Ihr Interesse, in neue Bereiche vorzudringen und weitere Sinnesempfindungen zu erkunden, um den eigenen Stil zu perfektionieren.

48• FREIWASSERSCHWIMMEN

Für das Schwimmen in offenen Gewässern existieren natürlich auch ganze Bücher. Denn beim Schwimmen in natürlicher Umgebung ändern sich zahlreiche Parameter. Im Folgenden liste ich einige Schlüsselpunkte auf, die sich beim Wechsel vom Becken zum Freiwasser als nützlich erweisen können.

Die Sicherheit

Die Sicherheit ist einer der wesentlichen Faktoren beim Freiwasserschwimmen. Stets ist auf die Anwendung elementarer Vorsichtsmaßnahmen zu achten, um sich nicht unnötig in Gefahr zu bringen. Sobald man einmal fern der Küste im Meer schwimmt oder von einer Strömung ergriffen wird, kann man sich sehr schnell in einer Gefahrensituation wiederfinden. Deshalb sind die potenziellen Gefahren des Gebiets, in dem man schwimmen will, im Voraus gut abzuschätzen und entsprechende Vorsichtsmaßnahmen zu ergreifen. Generell ist es sicherer, in der Nähe des Ufers zu bleiben (also parallel zur Küste zu schwimmen anstatt weit hinaus). Und schließlich ist stets größte Wachsamkeit gegenüber Bereichen mit Strömung angesagt.

Der Schwimmstil

Idealerweise kann man seinen Schwimmstil den natürlichen Gegebenheiten anpassen, denn umgekehrt wird sich da kaum etwas tun. Bei Dünung oder Seegang muss der Schwimmstil entsprechend modifiziert werden, um nicht mit dem Wasser zu kämpfen, sondern im Gegenteil die Elemente zum eigenen Vorteil zu nutzen.

Beidseitige Atmung und eine höhere Armzugfrequenz mit geringerer Zuglänge sind die wirklichen Trümpfe beim Freiwasserschwimmen.

Auch muss man sich gegebenenfalls an das Tragen eines Neoprenanzugs gewöhnen wie im Triathlon. Der Neo verändert auch die Empfindungen des Schwimmers im Wasser. Vor einem Wettkampf ist es also empfehlenswert, mehrmals mit dem Anzug zu trainieren.

Freiwasserwettkämpfe führen häufig über lange Distanzen und implizieren Schwimmzeiten ohne Unterbrechung von einer Länge, die man aus dem Schwimmbad nicht gewohnt ist. Deshalb muss man lernen, entspannt zu schwimmen, ruhig zu atmen, die Arme in bestimmten Momenten zu entspannen, sich einfach vom Wasser tragen zu lassen, um Kräfte zurückzugewinnen und sich nicht unnötig zu verausgaben.

Stressbewältigung

Wenn man sich in einer ungewohnten natürlichen Umgebung wiederfindet, zum Beispiel in einem Gewässer großer Tiefe, in unruhigem Wasser oder im Gedränge eines Massenstarts beim Triathlon, eingeengt im Neoprenanzug, können sehr große Stresssituationen entstehen. Darauf muss man sich mental vorbereiten, um sich nicht über diese Situationen hinaus psychisch zu belasten. Denken Sie ans Aufwärmen, bevor Sie ins Wasser steigen, besonders wenn Stressfaktoren vorliegen, und kontrollieren Sie Ihre Atmung.

Ziehen Sie Nutzen aus den Umgebungsbedingungen

Wenn Sie auf eine vorteilhafte Strömung stoßen, geben Sie Ihr Bestes, um von ihr zu profitieren. In einem Fluss ist die Strömung in der Flussmitte zum Beispiel stärker als in Ufernähe. In einem Feld mit mehreren anderen Athleten können Sie deren Wasserschatten nutzen, indem Sie sich am Ende einer Gruppe aufhalten (quasi an ihren Fußsohlen) oder an ihrer Seite (leicht versetzt auf deren Schulterhöhe). Das spart Energie, weil sie vom Sog der anderen profitieren. Natürlich sind bei Ihrem Wettkampfverhalten die Ziele und Freiheiten der anderen Sportler unbedingt zu respektieren.

Orientierung

Beim Freiwasserschwimmen gibt es keine Linien am Beckenboden, also kann man leicht die Orientierung verlieren. Suchen Sie sich deshalb Landmarken am Ufer, um möglichst geradlinig zu schwimmen und so wenig wie möglich von der Ideallinie abzuweichen. Im Idealfall können Sie schon vor dem Start charakteristische Punkte ausmachen oder auf der Wettkampfstrecke trainieren – achten Sie auf festgemachte Boote, auffällige Felsformationen, weithin sichtbare Leuchttürme etc.

Zur guten Orientierung werden mindestens zwei Landmarken benötigt, die sich quasi gegenüberliegen, zum Beispiel eine vor Ihnen und eine hinter Ihnen (zumindest annähernd). Durch einen kurzen Blick nach vorn und zurück können Sie die Geradlinigkeit Ihres Schwimmkurses überprüfen.

49• DIE VIER ACHSEN DES FORTSCHRITTS

Welche Faktoren sind wesentlich für schnelleres Tempo und rasche Ergebnisse im Wasser? Meiner Meinung nach gibt es vier:

Die horizontale Wasserlage

Das ist der Schlüssel: Je besser die Horizontallage im Wasser, umso geringer die auftretenden Reibungskräfte und umso schneller kann man schwimmen. Um das zu erreichen, muss die möglichst perfekte Horizontallage stets im Mittelpunkt Ihrer Anstrengungen stehen: Sie müssen Ihr Becken in Richtung Wasseroberfläche anheben.

Die horizontale Wasserlage ist ebenso wichtig wie die hydrodynamische Haltung, und ein sehr schneller Schwimmer sollte versuchen, den Vorgang des Luftholens möglichst früh abzuschließen.

Die Zuglänge

Ein Schwimmer bzw. eine Schwimmerin olympischen Niveaus über 1500 m ist in der Lage, im Training die 25 Yards mit sechs Armzugzyklen, das sind 12 oder 13 Armzüge, in einer Zeit von mindestens 55 s zu schwimmen, das sind 60 s auf 25 m. Ganz offensichtlich ist es eine erhöhte Zuglänge bei erhöhter Geschwindigkeit, die ihn oder sie auf ein solches Niveau befördert. Was unter Zuglänge zu verstehen ist, wurde bereits gesagt, ebenso wie man eine Verwechslung von Zuglänge und Gleitphase vermeidet (siehe S. 42).

Die Körperspannung

Körperspannung ist beim Schwimmen genauso wichtig wie eine gute Horizontallage. Es geht um die maximale Energieeinsparung zugunsten des Vorankommens. Schwimmer ohne Körperspannung vergeuden einen großen Teil ihrer Energie. Beim Erhöhen der Armzugfrequenz muss unbedingt auf den Erhalt einer effektiven Körperspannung geachtet werden. Es muss gelingen, sich in präzisem Stil auf der Ideallinie zu bewegen, ohne Störbewegungen.

Die Frequenz

Sobald man einen Kraulstil sicher beherrscht, ist es wichtig, auf eine gleichwertige Beschäftigung mit Frequenz **und** Zuglänge zu achten. Je stromlinienförmiger ein Schwimmer im Wasser unterwegs ist, umso weiter kommt er oder sie mit jedem Armzug vorwärts. Man kann immer danach streben, die Zuglänge zu steigern, doch niemals darf man die unmittelbare Auswirkung einer Frequenzsteigerung ignorieren.

Hier ein Zahlenbeispiel:

- Eine Schwimmerin, die 50 m mit 22 Armzugzyklen (also 44 Armzügen) bewältigt und mit einer Armzugfrequenz von 55 Zügen pro Minute schwimmt, erreicht auf 100 m eine Zeit von 1:36 min.
- Mit einer Frequenz von 66 Armzügen/Minute käme dieselbe Schwimmerin über 100 m auf 1:20 min, also eine Verbesserung von 16 s.
- Falls dieselbe Schwimmerin die Anzahl Armzüge über 50 m (durch eine größere Zuglänge) ohne Veränderung der Frequenz von 22 auf 20 reduziert, gewinnt sie lediglich 9 s auf 100 m (1:27 statt 1:36 min).

Deshalb empfiehlt sich ein spezifisches Training der Frequenz, weil sie Konsequenzen nach sich zieht – ebenso für das Gleichgewicht des Schwimmstils als auch für die Entwicklung des kardiovaskulären Systems und der Muskulatur. Schwimmen mit hoher Frequenz bei gleichbleibend effizientem Schwimmstil (ohne Verlust an Zuglänge) erfordert eine sehr spezifische Arbeit.

Ein Schwimmer mit stagnierenden Leistungen versucht es wahrscheinlich mit einem Training, das sich einzig auf Kraft und Zuglänge konzentriert, und vergisst dabei zu sehr die Komponente der Frequenz.

Ein anderes Beispiel: Im olympischen Wettbewerb Kurztriathlon schwammen die Teilnehmerinnen mit Frequenzen zwischen 72 und 90 Armzügen pro Minute, durchschnittlich also 80 Züge pro Minute. Damit erreichten die Schwimmerinnen über die 1500 m eine Zeit von circa 18 Minuten.

Wenn man ihre Armzugfrequenz mit ihrer Geschwindigkeit korreliert, benötigten sie mehrheitlich mehr als 50 Armzüge auf 50 m (also 25 Armzugzyklen); zu erkennen ist zudem, dass sie im Wesentlichen alle 2 Züge atmeten. Über 25 Zyklen auf 50 m, das scheint viel für so exzellente Schwimmerinnen. Sie verfügen sicher über die technischen Fähigkeiten für einen Stil mit weniger Armzügen und größerer Zuglänge. Warum also die hohe Frequenz und das häufige Luftholen?

Die Antwort hängt mit den Umgebungsbedingungen des Wettbewerbs zusammen: die Turbulenzen im Wasser und die Tatsache, dass den jungen Sportlerinnen im Anschluss an das Schwimmen noch zwei weitere Disziplinen bevorstanden: 40 km Rad und 10 km Straßenlauf, also eine Gesamtwettkampfzeit von mehr als 2 Stunden Belastung.

Die Olympionikinnen taten also alles, um im aeroben Bereich zu bleiben, schränkten ihre Gleitphase maximal ein, vermieden punktuelle Überlastungen und versuchten so gut wie möglich, die Trägheit ihrer Bewegung zu nutzen. Die Frequenz hatte Vorrang vor der Zuglänge.

50• VIDEOANALYSE

Bevor sich die Videos im Internet verbreiteten, hatten Autodidakten nicht viele Hilfsmittel, um Fortschritte beim Schwimmen zu machen. Es gab kaum Alternativen zu Lehrbüchern und dem Versuch, zu begreifen, was in ihnen mehr oder weniger pädagogisch und effizient erklärt wurde. Allzu oft konnten Wissbegierige leider keine großen Fortschritte machen (das Buch, das Sie gerade in Händen halten, bildet natürlich eine Ausnahme ☺). Heutzutage ist es leicht, im Internet massenweise Fotos und Videos zum Thema Schwimmen auf allen Leistungsstufen und von Weltklasseathleten zu finden.

Man kann sich nur glücklich schätzen angesichts dieser fantastischen und extrem effektiven Lehrmittel. Nachdem dies gesagt ist, drängen sich einige Vorsichtsmaßnahmen für alle jene auf, die anhand von Bildern und Filmen der „Besten des Handwerks" ihren Stil verbessern wollen.

- Zuallererst: Auge und Hirn sind manchmal nicht die besten Verbündeten. Man glaubt etwas zu sehen, doch in Wahrheit missinterpretiert man einen Sachverhalt oder man sieht einfach schlecht. Außerdem erliegt man manchmal auch Visionen von Bildern, die wichtige Positionen fehlerhaft wiedergeben und die sich, bewusst oder unbewusst, tendenziell in unser visuelles Gedächtnis einprägen und noch mehr Fehler produzieren.
- Die Spitzenschwimmer dieser Welt haben einen sehr langen Weg des Lernens hinter sich, um den Stil zu entwickeln, mit dem sie heute erfolgreich sind, Jahre des Trainings

unter den Augen der besten Trainer. Es ist nicht sinnvoll, die Spitzenschwimmer kopieren zu wollen, man muss vielmehr ihre Bewegungsabläufe analysieren, um ihre Perfektion zu begreifen. Glücklicherweise geben Ihnen einige Websites die dazu erforderlichen Analysewerkzeuge an die Hand (das ist vor allem Sinn und Zweck meines eigenen Blogs). Verstehen statt kopieren!

• Am leichtesten lassen sich Videos in Zeitlupe analysieren. Nun spielen beim Schwimmen aber Dynamik und Timing der Bewegungen eine ebenso wichtige Rolle wie die Bewegungen selbst. Der Widerstand des Wassers nimmt im Quadrat der Geschwindigkeit zu: Das bedeutet, je höher die Geschwindigkeit (der Hand, des Arms, des Körpers insgesamt etc.), umso größer der Widerstand. Und: Der Schwimmer passt seine Bewegungen ständig an den aktuellen Widerstand an. Ein Athlet, der mit 2,5 km/h im Wasser unterwegs ist, schwimmt nicht in derselben Umgebung wie ein Athlet, der es auf 6 km/h bringt.

Das muss man immer im Gedächtnis behalten, wenn man versucht, ein Beispielvideo zu analysieren!

• Schließlich ist Schwimmen vor allem ein Sport voller Sinnesempfindungen, was sich, wie leicht einzusehen ist, nicht vollständig mit Bildmittel wiedergeben lässt!

Fazit insgesamt: Nichts kann die Stoppuhr ersetzen – sie ist der einzige objektive Beurteiler Ihrer wirklichen Fortschritte in Sachen Schwimmtechnik.

51• DER SCHWIMMER, EIN HYBRIDMOTOR

Technik ist sehr wichtig im Schwimmsport, doch sie allein reicht nicht für schnelle Fortbewegung im Wasser aus – das wäre ja auch zu schön! Auch Kraft ist selbstverständlich notwendig. Eine der Besonderheiten der Schwimmer ist ihr eingebauter Hybridmotor, der mehrere Energiequellen kombiniert; nun kommt es darauf an, unter Berücksichtigung der eigenen physischen Qualitäten den bestmöglichen Mix zu erreichen.

Die mechanische Energie (Aktion/Reaktion)

Das Prinzip von Aktion und Reaktion ist im Dritten Newton'schen Gesetz formuliert. Die mechanische Energie ist die erste Energieform, die einem in den Sinn kommt: Schwimmer transportieren Wassermassen mit den Händen hinter sich (und idealerweise auch mit den Unter- und Oberarmen), was für ihren Vortrieb sorgt. Das Abstoßen von einem Punkt in eine bestimmte Richtung erzeugt eine Kraft in entgegengesetzter Richtung; diese Kraft ist von elementarster Bedeutung für Schwimmer, welche Technik auch immer zur Anwendung kommt (ob nun gut oder schlecht). Man kann noch hinzufügen, dass diese Kraft nicht so sehr von der Technik abhängt als von der puren muskulären Kraft, obwohl die Effektivität der Bewegungen im Wasser offensichtlich mit der Art und Weise zusammenhängt, wie der Körper platziert wird und welche Muskelgruppen eingesetzt werden. Im Rahmen der reinen Anwendungen dieses Prinzips ist der Kraulstil australischer Athleten (FQS) besonders interessant, weil er die stärksten Muskeln involviert. Diese Sportler ziehen Nutzen aus der Körperrotation, um ihre Rückenmuskulatur besser zum Einsatz zu bringen. Zugleich ist hier die Schlussfolgerung, dass zarter gebaute Schwimmer einen kleineren Motor zur Verfügung haben.

Die elastische Energie

Das ist die zweite zur Verfügung stehende Energieform. Im Moment des Wasserfassens stellt der Schwimmer eine Spannung in den Muskeln und Sehnen seines Oberkörpers her. Mit einer guten Körperrotation und Lockerheit kann diese elastische Energie in kinetische Energie umgewandelt werden, die den ersten „Motor" ergänzt (Aktion/Reaktion). Um diese Energie zu nutzen, ist die Schwimmtechnik von entscheidender Bedeutung.

Die Beschleunigungskraft

Wir schalten den Turbo zu: Die Beschleunigung einer Masse erzeugt eine Kraft (Zweites Newton'sches Gesetz). Angewendet auf Schwimmer bedeutet dies: Je mehr Beschleunigung stattfindet, umso mehr Gegenkraft entsteht. Allerdings muss der Schwimmer in der Lage sein, diese Kraft in Vortrieb umzuwandeln und dabei Energievergeudung abseits der Bewegungsachse verhindern. So kann dank dieses Prinzips auch ein kleinerer Athlet durchaus einen stärkeren Vortrieb erzeugen als ein „Muskelmann". Ein Kraulschwimmer mit Wechselzugtechnik bei hoher Frequenz arbeitet mit diesem „Turbo", wie es auch die Kalifornierin Janet Evans tut.

Die kinetische Energie

Natürlich darf man auch die Bewegungsenergie nicht vergessen, die keinen Motor für sich darstellt, jedoch von fundamentaler Bedeutung ist. Schwimmer erreichen nämlich im Moment des beginnenden Ausgleitens die höchste Geschwindigkeit. Anschließend muss versucht werden, diese kinetische Energie zu erhalten, indem die hydrodynamischste Haltung eingenommen wird, die möglich ist, und indem die Armzugzyklen nahtlos aneinandergereiht werden, um Totzeiten zu vermeiden. Die Schlüssel dazu sind hydrodynamisches Profil und Timing.

Die Schwerkraft

Eine weitere Kraft, die es zu berücksichtigen gilt, ist die Schwerkraft. Schwimmer werden zwar vom Wasser getragen, doch die Körperrotation und die Bewegung des Arms durch die Luft stellen einen Massetransfer dar, bei dem die Schwerkraft unterstützend eingesetzt werden kann. Dafür ist eine sehr gute Anordnung der Bewegungssegmente in Bewegungsrichtung sowie eine exzellente Synchronisation erforderlich.

Ich erspare meinen Lesern an dieser Stelle die Bernoulli-Prinzipien (die mechanischen Gesetzmäßigkeiten der fluiden Stoffe), die, ein wenig wie das archimedische Prinzip, vom Schwimmer noch mehr Regeln einfordern würden, um dem aquatischen Elemente gerecht zu werden.

52• GELENKIGKEITSÜBUNGEN

Um gut kraulen zu können, bedarf es einer ausreichenden Zuglänge. Die Zuglänge, ich erinnere gern noch einmal daran, ist die Fähigkeit, die Gelenkigkeit der Schultern bis zum Maximum zu nutzen, um möglichst raumgreifende Armbewegungen zu verwirklichen. Es ist also sehr wichtig, zu versuchen, die Flexibilität des eigenen Körpers so gut wie möglich zu erhalten bzw. zu verbessern.

Mit zunehmendem Alter versteifen sich Muskeln und Gelenke leider und der Körper verliert an Flexibilität. Das Problem besteht darin, dass diese Versteifung ganz allmählich vonstatten geht, man spürt sie nicht kommen und vernachlässigt daher die Dehnübungen, bis man eines Tages feststellt, dass die eine oder andere Bewegung einfach nicht mehr möglich ist.

Glücklicherweise können regelmäßige Gelenkigkeitsübungen das Gelenkigkeitskapital des eigenen Körpers erhalten: Yogasitzungen oder Gelenkigkeitsprogramme (abends vor dem Fernseher zum Beispiel ...).

Statische Dehnübungen kommen am häufigsten zur Anwendung. Hierbei nimmt man eine Stellung mit leichter Dehnung ein und behält sie stabil bei, wobei man tief durchatmet (von 30 s bis 2 min). Es gibt jedoch noch andere Techniken zur Vorbereitung des Körpers auf die Herausforderungen des Schwimmsports: aktive, dynamische Dehnübungen.

Arbeiten Sie an der Flexibilität Ihres Körpers, das kommt Ihnen bei allen sportlichen Betätigungen zugute sowie Ihrem allgemeinen Wohlbefinden. Durch eine Neukalibrierung der Spannkräfte rund um Ihre Gelenke können Sie zahlreichen schmerzhaften Missständen vorbeugen, insbesondere quälenden Rückenbeschwerden.

KAPITEL 6

AUSRÜSTUNG UND HILFSMITTEL

Trainer und Ausrüster haben vier Typen von Zubehör entwickelt, um die Schwimmer bei der Perfektionierung ihrer Technik und körperlichen Fitness zu unterstützen: Pull Buoy, Flossen, Paddles und Schnorchel, die in diesem Kapitel vorgestellt werden.

53• DER PULL BUOY

Der Pull Buoy erfüllt für den Schwimmeinsteiger oder den mittelstarken Wasserathleten die gleiche Aufgabe wie die Stützräder am Kinderfahrrad. Trainingseinheiten sind stets mit mehreren sehr lockeren Bahnen ohne Pull Buoy abzuschließen, quasi die Rückkehr zu den normalsterblichen Schwimmern. Der Rückgriff auf den Pull Buoy sollte sparsam erfolgen und mit dem spezifischen Ziel des Armmuskeltrainings. Der Pull Buoy darf nicht zur Krücke des hinkenden Schwimmers werden!

Wenn Sie schon einen Pull Buoy benutzen, dann platzieren Sie ihn wenigsten zwischen den Fußgelenken und nicht zwischen den Oberschenkeln, Ihre Rumpfmuskulatur wird es Ihnen danken; noch besser klemmen Sie ein Schwimmbrett zwischen die Beine (siehe S. 112: Der Hai).

Der Einsatz des Pull Buoy kann zu Schulterbeschwerden führen, weil er eine Auswirkung auf die Körperrotation und die Platzierung der Schulter hat. Achten Sie stets auf die Körperrotation, wenn Sie mit dem Pull Buoy trainieren!

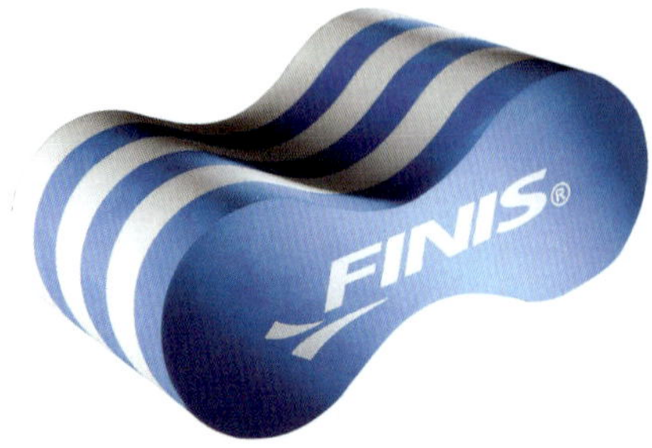

Ein intensiver Gebrauch des Pull Buoy kann in zwei Fällen nützlich sein:

- **In Hinblick auf die Teilnahme an Freiwasser- oder Triathlonwettkämpfen.** Gerade im Triathlon sorgt der Neoprenanzug mit seinem hohen Grad an Auftrieb für eine nahezu perfekte Horizontallage im Wasser – man braucht kaum mit den Beinen zu schlagen und kann sich ganz und gar auf die Armarbeit konzentrieren. Der Pull Buoy ermöglicht die Simulation des Schwimmens mit Neoprenanzug im Schwimmbecken.
- **Im Falle von Techniktraining spezifisch für die Armmuskulatur.** Der Pull Buoy ermöglicht die Konzentration exklusiv auf das Training der Arme. Idealerweise wendet man diesen Trainingstyp an, sobald man eine gute horizontale Wasserlage erreicht hat. Wer mit dem Pull Buoy trainiert, tendiert zu einer eingeschränkten Körperrotation, was zu Schulterschmerzen führen kann. In diesem Punkt müssen Sie sehr wachsam sein!

Vergleichszeiten

Hier die Schwimmzeiten eines Spitzentriathleten über 50 m Freistil, mal im Neoprenanzug, mal mit Pull Buoy, mal nur im Einteiler:

- mit Neo: 36,5 s;
- mit Pull Buoy: 41,3 s;
- mit Einteiler: 40,4 s (also 4 s mehr als mit Neoprenanzug).

Der Unterschied zwischen der Zeit im Einteiler und mit Pull Buoy erklärt sich wahrscheinlich durch die Tatsache, dass ein guter Schwimmer normalerweise auf den Vortrieb durch einen guten Beinschlag vertrauen kann und die Form des Pull Buoy seinen Strömungswiderstand erhöht. Vielleicht schränkt der Pull Buoy auch seine Zuglänge ein, weil er ein wenig die Körperrotation blockiert.

Auf 400 m kann ein guter Schwimmer sich mit einem Triathloneinteiler gewöhnlich um fast 30 s verbessern.

54• FLOSSEN

Flossen stellen ein durchaus nützliches Zubehör dar, um sicher Fortschritte zu machen. Sie empfehlen sich zum Beispiel

- zur besseren Beherrschung des Vortriebs mit den Füßen
- zum Erlernen des Schmetterlingsstils
- zum Erlernen des Kraulens im FQS-Stil
- zur Stärkung der Rumpfmuskulatur (vor allem durch Wellenbewegungen auf der Seite liegend)

Eher kurze oder lange Flossen?

Kurze Flossen weisen im Vergleich mit langen Flossen zahlreiche Vorzüge auf.

- Sie haben ein breites Einsatzspektrum, insbesondere wenn man die Beinschlagfrequenz variieren will
- Sie beanspruchen weniger Platz im Wasser (ein wichtiger Punkt beim Einsatz in öffentlichen Schwimmbädern bei normalem Publikumsverkehr)
- Sie sorgen für eine Bewegung, die dem Beinschlag ohne Flossen sehr ähnlich ist
- Sie sind weniger belastend für die Gelenke
- Sie verhindern, dass zu große Strecken mit zu wenig Beinschlägen zurückgelegt werden

Vorteil langer Flossen im Schwimmbecken? Ich sehe keinen Vorteil für Schwimmer, außer wenn wirklich nur die Oberschenkelmuskulatur gestärkt werden soll. Lange Flossen sind nützlich für Taucher und all jene mit einer Vorliebe für auffallend muskulöse Oberschenkel.

Eine immer wiederkehrende Frage (hauptsächlich von Schwimmerinnen) betrifft die Wahl des richtigen Flossentyps, um „schlankere Beine" zu bekommen. Mir scheint, dass kleine Flossen weniger Wasser verdrängen als große Flossen und deshalb auch die Beinmuskeln weniger fordern, was eine übermäßige Muskelbildung vermeiden sollte und stattdessen für definierte Muskulatur sorgt (wie beim Krafttraining gilt: viele Wiederholungen mit geringer Belastung für definierte, schlanke Muskeln, wenige Wiederholungen mit großer Belastung für massiven Muskelaufbau). Noch besser ist jedoch das Training eines energiegeladenen, schnellen Beinschlags ohne Flossen!

55• PADDLES

Im Folgenden sind die verschiedenen Typen von Paddles zusammengestellt, die man gegenwärtig auf dem Markt findet.

Die „klassischen" Paddles

Klassische Paddles sind im Allgemeinen rechteckig oder ahmen mehr oder weniger die Form der menschlichen Hand nach. Diese Modelle dienen vor allem der Stärkung der Armmuskulatur durch die Vergrößerung der Wasserverdrängung je Armzug. Mehr Verdrängung bedeutet mehr muskuläre Belastung, was mehr Kraft beim Schwimmer aufbaut. Das ist dasselbe Prinzip (mehr Belastung, mehr Muskelentwicklung) wie beim Training mit Gewichten und Hanteln an Land.

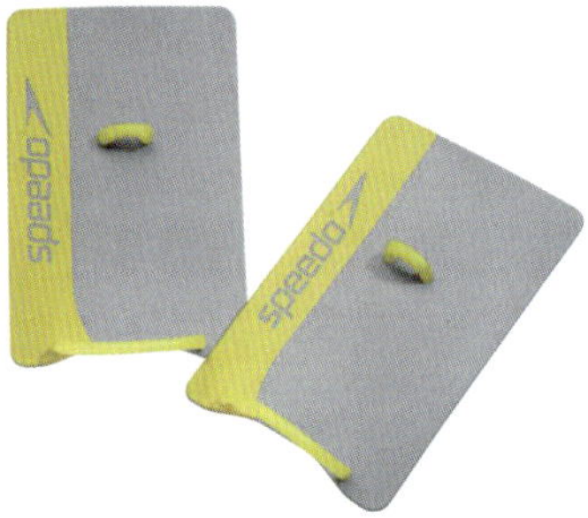

Störend an diesem Typ Paddles ist die große Auflagefläche in Momenten, in denen dies gar nicht wünschenswert ist, zum Beispiel beim Eintauchen der Hand ins Wasser. Um dieser Kehrseite zu entgehen, ändert der Anwender möglicherweise - bewusst oder unbewusst - seinen Bewegungsablauf, also die Technik seines Armzugs. Das Gleiche gilt für den Unterwasserweg der Hand. Bei übermäßigem Training mit Paddles riskiert man eine nachteilige Veränderung der Armzugtechnik oder eine Gewöhnung an einen Bewegungsablauf, der zwar für das Schwimmen mit Paddles geeignet ist, jedoch nicht für das Schwimmen mit „unbewaffneten" Händen. Dieser Typ sollte also nur in begrenztem Umfang und gelegentlich eingesetzt werden. In puncto Größenwahl ist besonders zu Beginn ein Modell zu empfehlen, das nur leicht größer als die eigene Hand ist.

Ergonomisch (anatomisch) geformte Paddles

Im Bewusstsein der Defizite bei den sogenannten klassischen Paddles haben einige Trainer begonnen, die Form der Paddles so zu modifizieren, dass sie die Muskelstärkung fördern, ohne die Technik des Armzugs zu beeinträchtigen. Das Ergebnis sind Paddles in asymmetrischer Form, häufig sind sie mit Löchern versehen.

Mehrere Marken bieten diesen Typ Paddles an (Tyr catalyst®, Aquasphere®, Arena vortex® etc.). Ihre Formgebung erforderte eine lange Entwicklungsarbeit und zielte darauf ab, in den Phasen des Bewegungsablaufs eine erhöhte Wasserverdrängung zu vermeiden, in denen diese nicht nötig ist. A priori reduzieren sie das Verletzungsrisiko und die Gefahr negativer Einflüsse auf die Armzugtechnik.

Anders als bei den klassischen Paddles kann man bei diesem Typ eine relativ große Größe wählen. Für Schwimmer, die häufig mit Paddles trainieren, wird dies das empfehlenswerteste Modell sein.

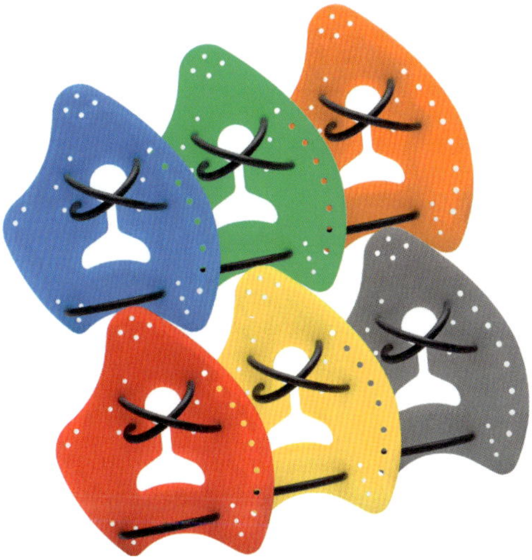

Lernpaddles

Dieser Typ Paddles dient nicht primär dem Muskeltraining, sondern eher einer Verbesserung der Armzugtechnik. Bei diesem Typ sind zum Beispiel die PT Paddles® (Finis) zu nennen, die die Wasserverdrängung der Hand reduzieren (in gewissem Sinne Antipaddles). Sie zwingen den Schwimmer, die Betätigungsfläche von der Hand auf den Unterarm zu erweitern. Das hat das pädagogische Ziel, das physische Empfinden der Wasserverdrängung mit diesem Armteil zu fördern. Die Wirkung dieser Paddles ähnelt dem Schwimmen mit geschlossenen Fäusten.

Von demselben Hersteller sind auch Freestyler® Paddles im Angebot, die speziell fürs Kraulschwimmen entwickelt wurden und durch ein Gummiband nur um den Mittelfinger gehalten werden. Die Konsequenz: Falls der Anwender keine gute Technik beim Eintauchen der Hand ins Wasser beherrscht, dreht sich das Paddle um sich selbst.

Das macht dem Schwimmer sofort bewusst, dass seine Technik zu wünschen übrig lässt. Um die Verdrängung des Wassers mit dieser Art Paddles zu spüren, wird er seine Technik verbessern müssen. Finis bietet auch Finger Paddles® an, die sehr klein ausgeführt sind: Ihre Verdrängungsfläche ist auf die Finger begrenzt. Sie sollen die Empfindungen des Schwimmers beim Wasserfassen an den Fingern und am oberen Teil der Hand steigern.

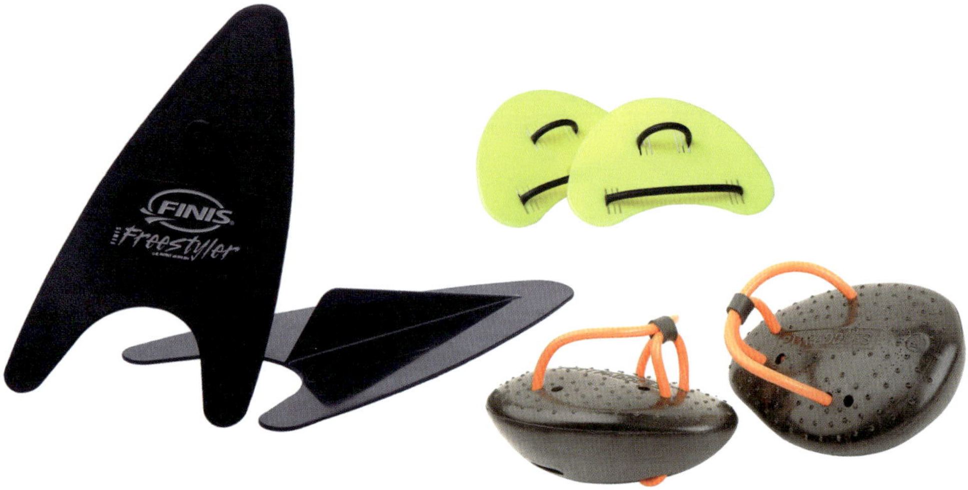

Paddles kommen am häufigsten im Kraultraining zum Einsatz, man kann sie aber auch für die anderen Schwimmarten benutzen, was natürlich von ihrer Form und Größe abhängt. Die Paddles beim Schmetterlingstraining einzusetzen ist hingegen komplizierter, nicht jedem gelingt hier die Handhabung. Wenn Sie in mehreren Schwimmarten mit Paddles arbeiten wollen, legen Sie sich am besten zwei oder drei unterschiedliche Größen zu.

56• DER SCHNORCHEL

Beim Schwimmen mit Schnorchel kann man unter Wasser atmen, ohne den Kopf zu heben. Ergo: Die stromlinienförmige Haltung bleibt permanent bestehen. Dieses Zubehör bietet also den Vorteil, dass man sich 100-prozentig auf die eigene Technik konzentrieren kann. Deshalb ist der Schnorchel ein sehr interessantes Accessoire, um die Symmetrie des eigenen Schwimmstils zu perfektionieren, insbesondere für Schwimmer, die immer zu derselben Seite atmen.

Wenn man nämlich zum Beispiel immer nur nach links atmet, neigt der rechte Arm zu einer schlechteren Technik als der linke. Dank Schnorchel kann man gezielt an dem schwächeren (rechten) Arm arbeiten. In dieser Hinsicht ist ein Frontschnorchel besser geeignet als ein seitlicher Schnorchel.

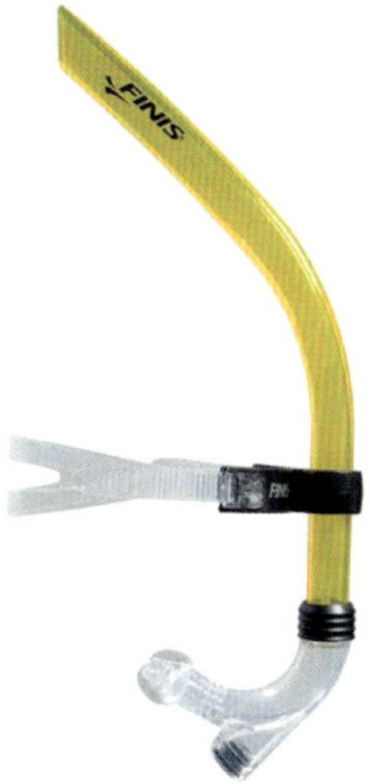

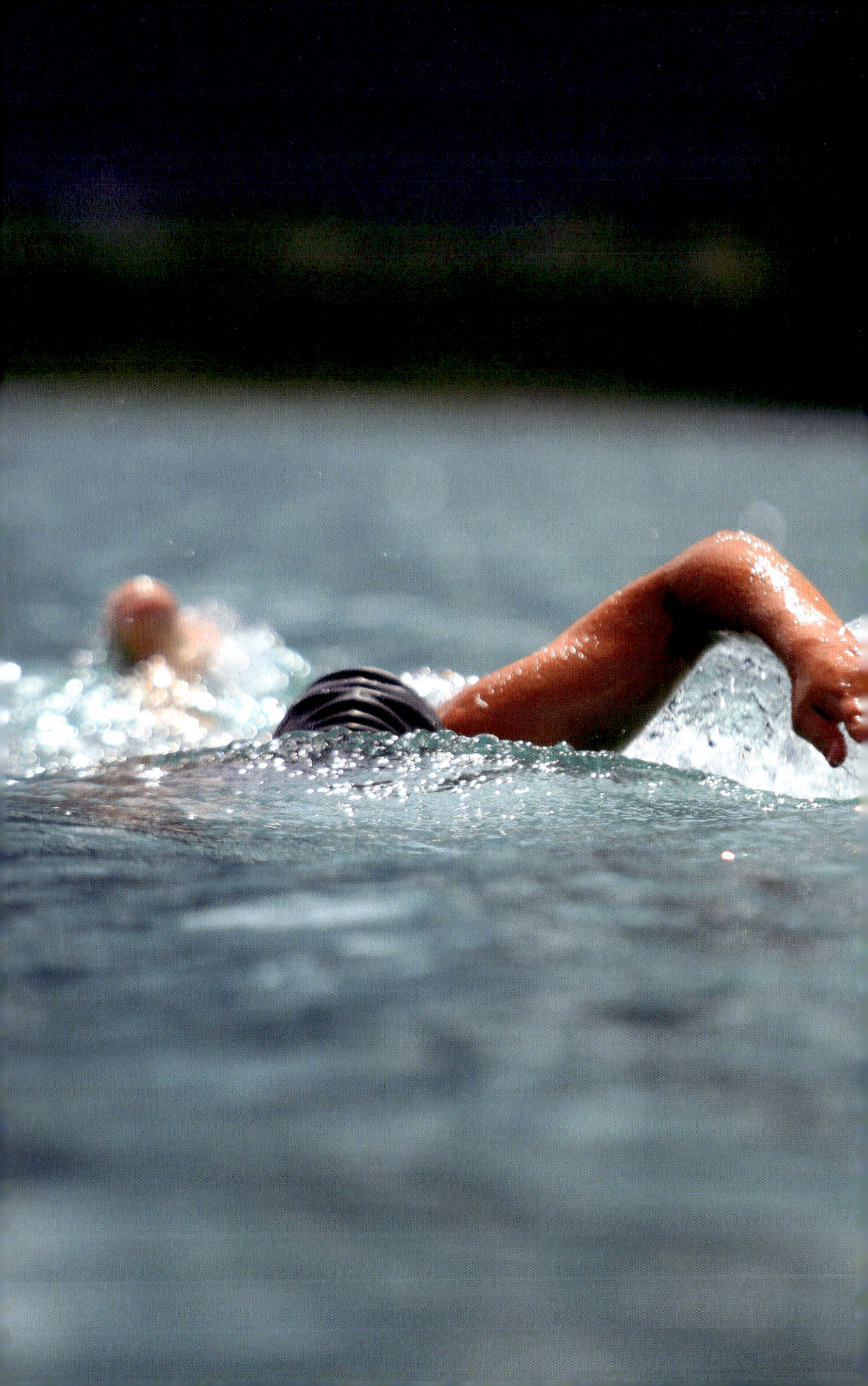

KAPITEL 7

EIN ENDLOSES VERGNÜGEN

Schwimmen ist ein Sport, in dem man in jedem Alter noch Verbesserungen anstreben und seine Lust an der körperlichen Betätigung steigern kann. Unter Fortschritt ist viel mehr zu verstehen als bloß die simple Verbesserung um ein paar Sekunden auf einer bevorzugten Strecke.

Was für eine Rolle spielt, ehrlich gesagt, schon die Zeit für all diejenigen, die gar nicht an Wettkämpfen teilnehmen?

Man fokussiert sich also nicht so sehr auf die Anzahl an Bahnen, die man in einer Stunde absolvieren kann; um motiviert zu bleiben, hat man umso mehr Interesse daran, die eigene Technik zu verbessern und so das Schwimmen unabhängig von der Zeitanzeige **noch mehr zu genießen**. In diesem Bereich sind die Verbesserungsmöglichkeiten unermesslich (zumindest fast) und das in jeder Altersklasse! Es ist schon sehr selten, dass man nach einer Schwimmeinheit nicht sagen kann: Sieh einmal an, ich habe das und das verbessert, ich hatte an diesem und jenen Punkt ein besseres Empfinden.

Schwimmen beinhaltet die vier Grundschwimmarten, aber auch Komponenten wie Wellenbewegungen (wie beim Schmetterling), Beinschlag, Rollwenden ... Das bietet zahlreiche Gebiete, in denen jedermann und jede Schwimmerin Freude durch Verbesserung erfahren kann, ohne jemals einen Blick auf die Stoppuhr zu verschwenden.

Wenn Sie in einer Schwimmart Ihr Verbesserungslimit erreicht haben, wechseln Sie einfach zu einer anderen Schwimmart. Und letztendlich ist es sehr wahrscheinlich, dass die in der zweiten Schwimmart erzielten Fortschritte positive Rückwirkungen auf die erste haben. Das ist eine der Schönheiten des Schwimmsports – ein Sport wie kein anderer!

Fortschritte realisieren und das Schwimmen als ein Vergnügen empfinden

• **Setzen Sie sich ein Ziel für Ihr Schwimmtraining.** Denken Sie vor Beginn einer Schwimmeinheit darüber nach, welche spezifischen Punkte Ihrer Technik Sie verbessern wollen. Um eine ausreichende Konzentration auf diese Punkte sicherzustellen, sollten Sie sich nicht mehr als zwei oder drei gleichzeitig vornehmen.
• **Analysieren Sie den Schwimmstil anderer Schwimmer.** Falls Sie versuchen, sich von anderen, besseren Schwimmern inspirieren zu lassen, sollten Sie vor allem versuchen zu verstehen, warum deren Technik besser ist als die Ihre, nicht einfach kopieren.
• **Versuchen Sie, beim Schwimmen mit großer Ruhe zu agieren.** Sie sollten den größten Teil Ihrer Schwimmeinheit über so schwimmen, dass Sie keine Ermüdung spüren, sondern nur Wohlbefinden. Lernen Sie das Wasser zu domestizieren. Das Wasser ist nicht Ihr Feind, im Gegenteil: Es ist da, um Sie zu entspannen und zu tragen.
• **Nehmen Sie Ihre Umwelt wahr.** Versuchen Sie, die Kräfte zu spüren, die beim Schwimmen auf Sie einwirken: die Schwerkraft, der Auftrieb nach Archimedes (spüren Sie, wie diese Kraft Sie trägt?), der Wasserwiderstand und die Reibungskräfte. Zu diesem Zweck beginnen Sie Ihre Schwimmeinheit mit einigen langsamen Bahnen, nur um sich Ihr ausgeglichenes Gleichgewicht wieder bewusst zu machen. Sie können auch einige Augenblicke mit geschlossenen Augen schwimmen, um sich besser auf Ihre physischen Wahrnehmungen konzentrieren zu können.

57• „IT'S LIKE WALKING!"

Die Idee kommt von einem Gedanken der amerikanischen Schwimmerin Natalie Coughlin, die ihre Art zu kraulen beschrieb als: „It's like walking!" („Das ist wie Gehen!")

Solche rätselhaften Aussagen gibt es im Schwimmsport recht häufig (siehe auch das berühmte „Bergab-Schwimmen"). Auf den ersten Blick gibt es kaum zwei völlig verschiedenere Aktivitäten als Gehen an Land und Kraulen im Wasser. Ersteres findet in aufrechter Körperhaltung statt, Letzteres in Bauchlage. Nach einigem Überlegen habe ich mir jedoch meine eigene Interpretation dieses Satzes zurechtgelegt.

Halten wir einen Augenblick inne und besinnen uns auf unsere Empfindungen beim Kraulen und anstatt horizontal denken wir vertikal!

Für viele Schwimmer (besonders für jene, die nicht seit (Klein-)Kindesbeinen an im Schwimmverein Freundschaft mit dem Wasser geschlossen haben) ist die Horizontallage etwas sehr Verwirrendes, weil das Gehirn seine Orientierungspunkte verliert und einen Alarmprozess in Gang setzt, der uns ständig einflüstert: Achtung, ich muss jetzt horizontal leben und so bleiben! Ein Gutteil unserer Energie und Konzentration richtet sich auf diese Obsession der Horizontalität und geht einher mit Körperanspannungen und Muskelkontraktionen. Und doch ist das eigentlich überflüssig, denn das Wasser trägt uns: Die horizontale Körperlage resultiert vor allem aus dem Wasser an sich, aus dem Auftrieb, den es bietet, und nicht aus willentlichen muskulären Bewegungen des Schwimmers.

Um diesem Phänomen effektiv entgegenzutreten, versuchen wir, nicht in der horizontalen Ebene zu denken, sondern in der vertikalen, so als ob der Beckenboden eine senkrechte Mauer wäre (und kein Fußboden); wir versuchen, das Körpergefühl wiederzufinden, das wir haben, wenn wir ruhig und gelassen in aufrechter Haltung auf unseren Füßen unterwegs sind.

Um das zu erreichen, vernachlässigen wir für einen Moment die Armzugtechnik etwas und konzentrieren uns auf die physischen Wahrnehmungen im Rücken und in der Wirbelsäule: Die Neigung, beim Schwimmen die Horizontallage zu erzwingen, verursacht beträchtliche Spannungen im Rücken, die auf lange Sicht ermüdend wirken. Können Sie diese Spannungen nicht spüren? Wenn wir an Land zu Fuß unterwegs sind, spüren wir sie nicht. Der ganze Körper steht aufrecht gestreckt in der Vertikalen, ein Ausbund an Ruhe.

Schwimmen Sie also Kraul, als ob Sie sich in der Vertikalen befänden und nicht in der Horizontalen ... Visualisieren Sie sich selbst, wie Sie von unten nach oben gehen, so als ob Sie die Schwimmbahn „hochsteigen" würden ... Das ist ein interessanter Ansatz. Diese Suche nach physischen Empfindungen ermöglicht eine größere Muskelentspannung. Zum Beschleunigen erhöhen Sie einfach die Armzugfrequenz, ohne Kontraktion, ohne Anspannung, immer noch entspannt.

Wenn man so im Wasser vorwärts „geht", während man schwimmt, darf man trotz allem die Körperrotation nicht vernachlässigen, denn das Schwimmen in der Horizontalen ist und bleibt die Klippe. Man muss sich seinen Körper also vertikal auf dem Wasser vorstellen und dabei mit den Schultern geschmeidig arbeiten. Die Fußarbeit beschränkt sich eher auf ein Streben nach Gleichgewicht, ruhigen Schrittes, irgendwie wie ein Marsch an Land. Und darin zeigen die guten Schwimmer die Leichtigkeit von Wanderern – wie Natalie Coughlin es ausdrückt: „Es ist wie Gehen!"

58• DIE MAGISCHE GERADE

Im Moment der stärksten Körperrotation muss der Schwimmer eine virtuelle Gerade ins Wasser „zeichnen“, die über Leiste, Achselhöhle und Unterwasserarm verläuft.

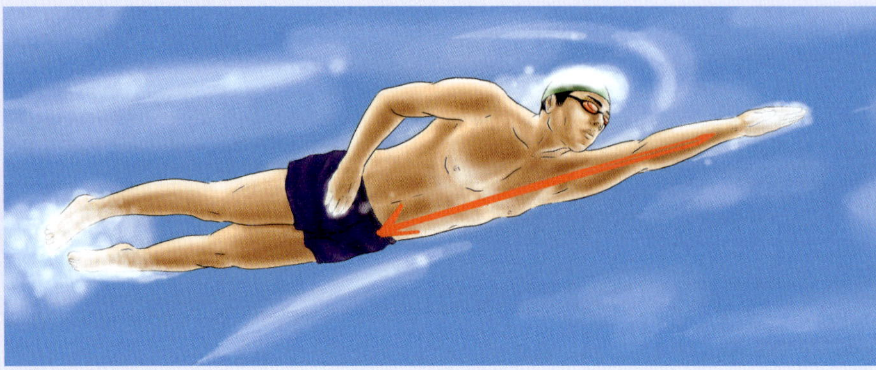

Schwimmer im Moment der stärksten Rotation

Denken Sie sich in diesem Augenblick eine perfekte Gerade, die sich nach vorn spannt. Zögern Sie dafür nicht, den oberen Brustkorb in Richtung Boden zu drücken, um die Hüfte und die Beine gut im Kielwasser des Körpers zu platzieren.

Sehen Sie diese virtuelle Gerade als Kontrolle Ihrer Wasserlage während Ihrer Schwimmeinheit, als Fluglotse, der auf seinem Bildschirm sicherstellt, dass „sein“ Flugzeug die Nase nicht zu tief senkt oder zu sehr hochzieht. Diese Gerade muss nicht unbedingt horizontal und exakt parallel zur Wasseroberfläche verlaufen. Oft ist es wünschenswert, dass sie sehr leicht in Richtung Beckenboden weist, um das Becken näher an die Wasseroberfläche zu bringen und gleichzeitig der Hand eine bessere Stellung für die Initiierung des Prozesses des Wasserfassens zu ermöglichen. Jeder Schwimmer sollte die bestmögliche Position unter Berücksichtigung des eigenen Stils, der eigenen Morphologie und Geschwindigkeit finden.

59• DER FLOW

Im Sport beschreibt der sogenannte Flow diese seltene Empfindung, wenn sich bei voller Belastung perfektes Wohlbefinden einstellt und Sie sich gleichzeitig relaxed und leistungsstark fühlen.

Das Flow-Konzept lässt sich definieren als Zustand des perfekten Gleichgewichts zwischen den Anforderungen der Situation und des vom Athleten entwickelten Potenzials. Dieser Zustand, der oft auch als „Welle“ oder „Autopilot“ tituliert wird, ist in Wahrheit ein Zustand des großen Erfolgs, mit direktem Bezug zur Realität, unkompliziert, ökonomisch, ein Zustand, in dem jede Aktion sachdienlich ist und Fehler beinahe inexistent sind. Dieser Zustand geht weit über das Empfinden von Freude hinaus, das man im Ausdauersport manchmal dank Endorphinausschüttung fühlt. Der Flow ist eine viel tiefergehende und seltenere Erfahrung.

Den Flow gibt es nicht nur im Sport. Nach Aussage des ungarisch-amerikanischen Psychologen Mihály Csíkszentmihályi, der sich mit dem Phänomen beschäftigt, setzt sich das Flow-Erleben aus acht wichtigen Charakteristika zusammen.

Es kann sich einstellen, wenn

- die in Angriff genommene Aufgabe machbar ist, jedoch trotzdem eine Herausforderung darstellt und eine besondere Eignung erfordert
- die geforderte Aufgabe eine tiefe Konzentration nötig macht, die die volle Aufmerksamkeit absorbiert und kanalisiert
- diese Konzentration möglich wird, weil die Aktivität ein präzises Ziel hat und vollends verstanden wurde
- die Aktivität für sofortiges Feedback Anlass gibt, weil man weiß, dass die Aktivität mit Erreichen des Ziels einen Sinn in sich selbst hat
- man handelt, indem man sich voll einbringt, jedoch ohne die Belastung wirklich als etwas Schmerzhaftes zu spüren – und alle Sorgen und Frustrationen des alltäglichen Lebens aus dem Bewusstsein verschwunden sind
- man das Gefühl hat, die Kontrolle über seine Aktionen auszuüben (und nicht von ihnen kontrolliert zu werden, wie es bei einer Abhängigkeit welcher Art auch immer der Fall ist)
- die Sorge um sich selbst verschwindet, doch paradoxerweise wird man nach einem solchen Erlebnis mit einer verstärkten Selbstwahrnehmung beschenkt
- die Wahrnehmung der Zeit sich ändert: Stunden können wie Minuten empfunden werden und Minuten können sich zu Stunden dehnen

Dieser Zustand ist paradox, weil der Sportler den Eindruck hat, gleichzeitig im Automatikmodus zu agieren **und** alles perfekt unter Kontrolle zu haben.

Im Sport begegnet einem dieses Gefühl selten, denn es erfordert enorm viel Arbeit und Training, damit sich alle Parameter der sportlichen Leistung in einem gegebenen Augenblick physisch und psychisch vereinen.

Den Flow zu spüren, ist eine Sache, ihn länger zu erhalten eine ganz andere. Das ist eine schwierige Angelegenheit. Die hervorragende Reportage *Secrets d'athlètes – le 100 m – Asafa Powell* (Athletengeheimnisse – die 100 m – Asafa Powell), die von Arte ausgestrahlt wurde und nun bei YouTube verfügbar ist, zeigt es perfekt am Beispiel des Sprinters Asafa Powell, der 2007 bei den Leichtathletik-WM in Osaka im 100-m-Finale von Tyson Gay geschlagen wurde, obwohl er auf dem Papier klar der Stärkere war (er hatte die größte Höchstgeschwindigkeit, den längsten Schritt und die höchste Frequenz).

Um in diesem Rennen zu gewinnen, hätte Powell von Anfang bis Ende den Flow spüren müssen; doch auf halber Strecke verkrampfte er, als er spürte, wie Gay auf der Bahn rechts von ihm dagegenhielt. Powell geriet in Panik und sein Gehirn unterbrach den Flow-Modus. Es arbeitete bei der Steuerung der Muskeln nicht mehr auf Autopilot, das Gleichgewicht war zerstört und seine Technik verfiel. Seine Automatismen und sein Gehirn sandten widersprüchliche Befehle an die Muskeln, er verlor seine Lockerheit und Geschwindigkeit, ein Phänomen, das unter der Bezeichnung „muskuläre Koaktivierung“ bekannt ist.

60• DIE MOTIVATION

Die Angelsachsen haben eine besondere Begabung für kurze, knappe Motivationsslogans. Im Folgenden finden Sie einige Beispiele in freier Übersetzung, die Ihnen über schwierige Trainingstage hinweghelfen können.

• *You are braver than you believe, stronger than you seem and smarter than you think.*
(Du bist mutiger, als du glaubst, stärker, als es scheint, und intelligenter, als du denkst.)
• *Today I do what others will not, so tomorrow I do what others cannot.*
(Heute tue ich, was andere nicht tun, also tue ich morgen, was andere nicht können.)
• *Of course it's hard. It's supposed to be hard. If it wasn't hard, everyone would do it. The hard ... is what makes it great. Nothing great is easy.*
(Natürlich ist es schwierig. Es soll schwierig sein. Wenn es nicht schwierig wäre, könnte es jeder tun. Gerade weil es schwierig ist, ist es großartig. Oder: Nichts Großartiges ist einfach.)
• *Be not afraid of going slowly; be afraid only of standing still.*
(Vor langsamem Vorankommen muss man keine Angst haben, nur vor Stillstand.)
• *Luck: when opportunity meets preparation and hard work.*
(Glück ist, wenn Gelegenheit mit Vorbereitung und harter Arbeit zusammentrifft.)

- *The only time success comes before work is in a dictionary.*
(Nur im Wörterbuch kommt Erfolg vor Trainingsfleiß.)
- *Only the mediocre are always at their best.*
(Nur die Durchschnittlichen sind permanent auf dem Zenit ihrer Leistung.)
- *A pessimist sees the difficulty in every opportunity; an optimist sees the opportunity in every difficulty.*
(Ein Pessimist sieht in jeder Gelegenheit die Schwierigkeit; ein Optimist sieht in jeder Schwierigkeit eine Gelegenheit.)
- *The best way to eat the elephant standing in your path is to cut it up into little pieces.*
(Es gibt nur eine Möglichkeit, den Elefant zu verspeisen, der Ihnen den Weg versperrt: Sie müssen ihn in kleine Stücke zerlegen.)
- *Pain is just weakness leaving the body.*
(Schmerz ist nur die Schwäche, die den Körper verlässt.)
- *When you're going through hell, keep going!*
(Wenn man durch die Hölle geht, darf man nicht stehenbleiben!)
- *The hardest piece of fitness equipment is the front door.*
(Das schwierigste Fitnessgerät ist die Haustür.)
- Ohne Anstrengung zu schwimmen ist verdammt anstrengend!
- „Das Wasser ist dein Freund. Du musst nicht gegen das Wasser ankämpfen, teile einfach nur die Essenz mit ihm, gehe eine Symbiose mit ihm ein, und es wird dir helfen vorwärtszukommen." (Alexander Popow, vierfacher olympischer Goldmedaillengewinner)

61• DIE MACHT DER MENTALEN BILDERWELT

Dafür ist Steve Jobs, der Apple-Gründer, ein Vorbild: Wer es schafft, andere von der eigenen Vision zu überzeugen, hat alle Chancen, als Sieger das Feld zu verlassen. Das ist die Macht der wahren Visionäre: Sie machen die Welt konform zu ihrer Vision! Das ist wahrscheinlich auch der Grund, weshalb die Apple-Fans sich verhalten wie die Anhänger einer Religion.

Was hat dieser Exkurs nun mit dem Schwimmsport zu tun? Schwimmen gehört zu den Sportarten, bei denen die Mechanismen der Visualisierung extreme Bedeutung haben. Schwimmer müssen nämlich eine große Zahl physischer Aktionen in extrem kurzer Zeit ausführen: die richtige Platzierung verschiedener Körperpartien und die Realisierung unterschiedlichster Bewegungen durch diese Körperpartien.

Es ist nicht möglich, jede dieser Bewegungen in so kurzer Zeit zu „durchdenken“. Um im Wasser zu bestehen, müssen also **Automatismen** geschaffen werden. Außerdem müssen diese Automatismen auf Anforderung aktiv werden, ganz gleich in welcher Umgebung. Und das ist der Punkt, wo die Visualisierung ins Spiel kommt.

Anstatt zu versuchen, jedes Detail zu bedenken, ist es interessanter, eine Selbstwahrnehmung anzustreben, quasi eine „globale Vision“ von sich selbst, während man die korrekten Bewegungsabläufe durchspielt. Im Bedarfsfall kann man sich dann an diese Vision erinnern und sich verhalten: Die Automatismen kehren zurück und mit ihnen die optimalen Bewegungsabläufe, auch bei Stress, wenn der Druck die Konzentration auf all diese Bewegungsdetails extrem schwierig macht. Wer im rechten Augenblick das richtige mentale Bild zur Hand hat und wer es festhalten kann, hat einen entscheidenden Vorteil gegenüber der Konkurrenz!

In diesem Zusammenhang ist es sicher interessant, ein präzises Selbstbild fest mit einer gegebenen Phase im Wasser zu verbinden.

Ein Beispiel: Selbsterfahrung Zuglänge

• **Erster Ansatz:** *Ich denke daran, meinen kompletten Körper zu strecken, das heißt, ich strecke meine Zehenspitzen nach hinten, ich strecke meine Beine so, dass sie im Kielwasser meines Körpers bleiben, strecke meine Bauchmuskulatur und spanne sie an, bringe meine Schulter nach vorn an mein Kinn, mein Arm weist nach vorn, die Handgelenke sind nicht gebeugt etc.*

Dieses Streben nach Zuglänge dauert nur einige Zehntelsekunden und an all das muss ich im Wettkampfstress, im Getümmel des Starts eines Freiwasserwettbewerbs denken; das ist Mission *impossible!*

• **Zweiter Ansatz:** *Im Training habe ich ohne Stress, wenn auch langsam, alle Bewegungen realisiert, die ich gerade beschrieben habe, ich versuche, das Gefühl meiner Empfindungen mit einem mentalen Bild zu verbinden, etwa einem Regattasegler, der in perfekter Form von Bug bis Heck das Wasser durchschneidet. Ich visualisiere diesen Bootsrumpf, meine Empfindungen vermitteln mir das Gefühl, ich wäre dieser Bootskörper. Das ist meine Vision!*

Mit dieser simplen Vorstellung ist in meinem Kopf eine Unmenge von Automatismen verbunden, die exakt der Position entsprechen, die ich erreichen will.

Diese „globale Vision“ ermöglicht es, sofort und ohne an all die Details zu denken, die optimale Position einzunehmen und die entsprechende Bewegung zu realisieren.

Sobald man spürt, dass man den korrekten Schwimmstil verliert, besinnt man sich erneut auf dieses mentale Bild, um seine Technik zurückzugewinnen. Wenn man sich dieses Verhalten angewöhnt hat, fungiert es als Faktor für Selbstvertrauen – ein sehr wichtiger Faktor zu jedem Zeitpunkt des Wettkampfs.

Hier gilt: Wer diese Visualisierung auf die geeignetste, effektivste Art und Weise zu praktizieren weiß, genießt einen immensen Vorteil gegenüber den anderen und spürt eine große Kraft in sich.

Die Kraft der Visualisierung geht weit über die simplen technischen Details hinaus und sollte in ihrer Gesamtheit und unabhängig von der Umgebung eine bessere Leistung ermöglichen. Darin liegt die Kraft der Vision und des Paradigmas!

62• DER PERFEKTE BEWEGUNGSABLAUF

Haydn Woolley, neuseeländischer Schwimmchampion, beschreibt den perfekten Bewegungsablauf eines Armzugzyklus folgendermaßen (Beachten Sie: Er beschreibt etwas, dass sich in weniger als einer Sekunde abspielt!):

„Jede meiner Armzugbewegungen teilt sich in fünf Phasen auf, jede einzelne wird perfekt ausgeführt.

Diese Phasen ergeben kombiniert einen anmutigen und geschmeidigen Ausdruck von Kraft, die mich diese Flüssigkeit, die ich so sehr liebe, mit dem Anschein einer solchen Leichtigkeit durchqueren lässt.

- Die wichtigste Phase ist die Art und Weise, wie ich das Wasser vor mir suche (*reach*).
  - Zuallererst muss ich mich der Art und Weise vergewissern, wie meine Hand ins Wasser eintaucht: Meine Finger müssen geräuschlos und ohne Turbulenzen ca. 30 cm vor meinem Kopf eintauchen. Anschließend verschwindet auch mein Ellenbogen im Wasser und meine Schulter schiebt sich nach vorn, leicht nach unten gerichtet, um die vollständige Streckung des Arms zu realisieren.
  - Meine Hand befindet sich nun 25 cm unter der Wasseroberfläche und in Verlängerung der Schulterachse; sie birgt die gesamte Kraft meines Daseins in sich.
  - Jetzt streckt sich mein Arm und führt meinen Körper, der nicht umhin kann, ihm zu folgen.
  - Ich falle nach vorn, mein Oberkörper folgt meinem Arm und bewahrt kontinuierlich die Trägheit der Bewegung.
  - Mein Arm, anfangs noch flach ausgestreckt, beginnt nun, sich progressiv in Richtung Boden zu neigen, um jede Unterbrechung der Vorwärtsbewegung zu vermeiden.

• Die folgende Phase besteht aus dem Wassergreifen (oder *catch*); während mein Körper zur Seite kippt, kombiniert er sich mit meinem ausgestreckten Arm, um mehr Druck auf meine ausgestreckte Hand zu applizieren.

- Mein Handgelenk bleibt gerade, und ich beginne, den Ellenbogen zu beugen.
- Meine flache Hand drückt in Richtung des Inneren meines Daumens, mit einem Winkel von 10 Grad, um mir ein Einwirken meiner Hand aufs Wasser nach außen zu ermöglichen und eine Wasserverdrängung zu generieren, die ich mehr und mehr solide spüre.
- Mein Körper kommt weiter mit derselben Geschwindigkeit vorwärts, auch wenn meine Hand sich bloß zur Seite bewegt und mein Ellenbogen sich weiter beugt.
- Ich achte darauf, mein gesamtes Körpergewicht nach vorn zu verlagern, und setze dafür meinen Trizeps und meinen großen Rückenmuskel ein; parallel dazu steigt der Druck meiner Hand kontinuierlich weiter an.

• An einem bestimmten Punkt ist mein Ellenbogen so gebeugt, dass ich an meiner Hand das Druckmaximum spüre, die Hand ist dabei vollständig senkrecht zur Bewegung; das ist der Moment zu beschleunigen und die Zugphase (*pull*) einzuleiten.

- Meine Hand ‚verankert' sich weiterhin im Wasser und bewegt sich zunehmend schneller nach hinten.

• Auf halbem Weg der Unterwasserstrecke der Hand wechselt sie zur Druckphase (*push*) und drückt das Wasser nach innen und hinten und beendet ihren Weg mit einem abschließenden ‚Schubs', direkt nachdem sie meinen Oberschenkel passiert hat.

• Das ist jetzt der Augenblick zur Erholung (*recovery*) oder Rückholphase durch die Luft: Mein Ellenbogen hebt sich, um meinen Unterarm und meine Hand in den Bereich vor meinem Kopf zu tragen. Meine Hand tritt sofort nach dem Austritt aus dem Wasser den kürzesten Weg nach vorn an, mit dem Ziel, möglichst wenig Energie einzusetzen, während mein Ellenbogen sich deutlich höher als die Schulter hebt und mein Oberkörper gedreht bleibt. So kann mein Körper mit möglichst wenig Turbulenzen durchs Wasser ‚schneiden'.

- Ich konzentriere mich weiterhin so intensiv wie möglich auf den Teil meines Körpers, der für Vortrieb sorgt, das heißt meine Arme.
- Die Körperpartie, wo die Magie stattfindet, ist die Handfläche. Ich spüre keinerlei Turbulenzen, wenn ich meinen Arm nach vorn ausstrecke; an der Handfläche spüre ich, wie sich der Druck steigert, als ich beginne, auf das Wasser einzuwirken; es ist der Druck, den ich während der gesamten Zug- und Druckphase spüre.

– Ich widme mich in jedem Augenblick der Perfektion. Mich mit weniger zufriedenzugegeben, wäre schlicht und einfach Verrat an meiner Passion."

63• DIE SCHWIMMKUNST

Bevor das Schwimmen seinen Schwerpunkt auf den Wettkampfsport legte (daher der Ausdruck „Schwimmsport"), sprach man, wenn von der Fortbewegung im Wasser die Rede war, von der „Schwimmkunst". Diesen Ausdruck findet man in zahlreichen Wortsammlungen, insbesondere in Enzyklopädien des 18. und 19. Jahrhunderts.

Im 20. Jahrhundert, als Schwimmwettkämpfe immer populärer wurden, löste die Bezeichnung „Schwimmsport" die Bezeichnung „Schwimmkunst" ab. Zur Erinnerung: Die ersten Olympischen Spiele des Barons Pierre de Coubertin fanden 1896 in Athen statt und zählten vier Schwimmwettkämpfe. Schritt für Schritt konzentrierte man sich mehr auf die Leistung, forschte nach den Geschwindigkeitsfaktoren und richtete den Blick natürlich auf das ultimative Ziel der Weltrekorde. Im Laufe der Jahre veraltete der Begriff „Schwimmkunst" und die Vorstellung dahinter trat immer mehr zurück und verschwand schließlich aus dem öffentlichen Bewusstsein.

Doch liegt in diesem alten Ausdruck nicht eine gewisse Weisheit? Ist das Schwimmen nicht eine Betätigung, deren Dimensionen über ein simples Tun hinausgehen? Wenn man eine Analogie zum Kampfsport herstellt, stellt man fest, das auch dort die Termini Kampfsport und Kampfkunst nicht dasselbe bezeichnen und nicht verwechselt werden sollten (was zum großen Missfallen der Puristen trotzdem immer wieder passiert). Kampfkunst schließt auch eine spirituelle und philosophische Dimension mit ein, die sie nach Meinung der Experten vom Kampfsport unterscheidet, auch wenn für Neulinge auf den ersten Blick wenig Unterschiede bestehen.

Wie die Kampfkunst besitzt auch die Praxis der Schwimmkunst Eigenheiten, die über die Konzeption des Freizeit- und/oder Sportschwimmens hinausgehen, und alle Schwimmerinnen und Schwimmer, die ihren Sport – ich möchte sagen: ihre Kunst (!) – mit Leidenschaft und Beharrlichkeit ausüben, teilen diesen Ansatz bewusst oder unbewusst.

Führen wir uns einige gängige Eigenschaftsbeschreibungen von Kunst vor Augen:

• Kunst ist eine menschliche Tätigkeit, die auf Wissen, Übung, Wahrnehmung, Vorstellung und Intuition gründet. Im engeren Sinne ist sie das Ergebnis gezielter Tätigkeiten, die nicht eindeutig durch Funktionen festgelegt sind, das Ergebnis eines kreativen Prozesses (nach Wikipedia).

• Die Kunst erfordert sehr häufig die fehlerfreie Beherrschung einer Technik und hat sich dem unentwegten Prozess des Lernens und der Perfektionierung verschrieben.
• Die Kunst fühlt sich einem ästhetischen Streben verpflichtet.

Kann sich ein Schwimmer ab einem gewissen Niveau nicht in all diesen Definitionspunkten wiederfinden, wenn er seine Leidenschaft praktiziert? Man kann zum Beispiel perfekt die Praxis der Schwimmübungen angehen wie jene der Katas beim Karate: das Streben nach dem perfekten, effektivsten und mit größter Präzision ausgeführten Bewegungsablauf. Der Schwimmer wird zur Bewegung und die Bewegung zum Schwimmer.

Für Schwimmer, die sich diesem Konzept widmen, ist das Schwimmen nicht länger eine Aneinanderreihung von Schwimmbahnen, die man mechanisch und voller Langeweile abspult, sondern sie versuchen im Gegenteil, ihre kreativen Energien freizusetzen, um auf der Suche nach der ewigen Perfektionierung gezielt die eigenen Sinne, den Intellekt und die eigenen Emotionen zu stimulieren.

Gestützt auf dieses Argument, malen sich manche Leser vielleicht schon die Verleihung von Gelben Trikots, verschiedenfarbigen Gürteln bzw. des 1., 2. oder 3. Dan aus. Verdient man für 25 m Kraulen mit 10 Armzügen den 5. Dan? Ich glaube nicht, dass man so weit gehen sollte.

Zum Schwimmen müssen wir uns im nassen Element, das uns so fremd ist, entwickeln. Das bringt unsere Bezugspunkte als Landbewohner durcheinander. Es zwingt uns, die Geometrie unseres Körper und unserer Bewegungen neu zu überdenken, neue Bezugspunkte zu finden, uns auf unsere Sinnesempfindungen zu konzentrieren und vor allem unermüdlich immer wieder dieselben Bewegungen zu wiederholen, um in manchen disharmonischen Fällen nur ein winziges Detail korrigierend zu ändern. In einem Wort: Die fremde Lebenswelt zwingt uns, unsere Kunst zu beherrschen, um bestehen zu können! Diese Suche nach der Harmonie der Bewegung ist nicht von der Suche nach einer inneren Harmonie zu trennen, und dafür braucht man keine Stoppuhr und muss auch nicht in der Blüte seiner Jugendjahre stehen. Unser Körper ist das einzige Werkzeug, das wir brauchen, und er wird uns die langen Stunden, die wir mit der Kräftigung unserer Muskeln und Verbesserung unserer Gelenkigkeit Bahn für Bahn für Bahn verbracht haben, mit Sicherheit danken. Nehmen wir also die Zeit, die wir dem Schwimmen widmen, als Chance wahr, Gleichgewicht und Harmonie zu finden. Erfahrene Schwimmer wissen es genau: Je mehr man seine Bewegungen perfektioniert, umso mehr neigt man zur natürlichen Einfachheit. Kraulen ist simpel. Wenn es kompliziert wird, ist das nur ein Zeichen dafür, dass der Schwimmer auf dem falschen Weg ist.

Wenn man die Sache so angeht, kann die Schwimmkunst sich vielleicht auf ihre noblen Stärken besinnen und sich neu erfinden als Schule des Lebens und Weg zur Weisheit. An dieser Erfahrung sollte sich jeder leidenschaftliche Schwimmer versuchen!

64• TRAININGSTAGEBUCH DER SINNE

Die meisten Schwimmer haben ein Trainingstagebuch, in dem sie die Trainingsinhalte festhalten.

Für alle, die Fortschritte im Schwimmen machen wollen, ist es interessant, den puren Zahlen, Distanzen und Zeiten auch Anmerkungen über die Gefühlswelt zu notieren. Es kommt häufig vor, dass man sich im Laufe einer Trainingseinheit bestimmter Sinnesempfindung bewusst wird, einer bestimmten Körperhaltung, einer bestimmten Bewegung, die unseren Fortschritten zugutekommt. Notieren Sie diese Erfahrungen mit Angabe des Datums und eventuell auch die Übung, die Sie zur Perfektionierung dieses Punktes ins Auge fassen.

Diese Notizen können Sie in eine mehrspaltige Tabelle eintragen: Datum, Ziel, Beschreibung der Übung und was Sie dabei und danach fühlten. Vor der nächsten Einheit lesen Sie sich Ihre letzten Eindrücke erneut durch, um sie sich wieder ins Gedächtnis zu rufen und zu verinnerlichen.

So können Sie sich bei der erneuten Beschäftigung mit Empfindungen aus vergangenen Trainingseinheiten merken, ob Sie auf dem richtigen oder falschen Weg sind, und können die Defizite beheben. Das Trainingstagebuch hilft Ihnen, all diese Details im Gedächtnis zu behalten und übersichtlich zu dokumentieren (siehe Beispiel auf S. 144).

DOKUMENTATION

DATUM	ZIEL	ÜBUNG	ANMERKUNG
18. DEZEMBER	Beim Aufwärmen werfe ich die Arme nicht mit der Schulter, sondern durch Bewegen des Rumpfes und merke, dass ich viel mehr Kraft habe.	Beim Aufwärmen diese Bewegung Arm–Oberkörper reproduzieren	Zweites Newton'sche Gesetz F = m x a
21. DEZEMBER	Auf der 2. Bahn eher 9 Armzugzyklen auf 25 m, dennoch Fortschritt, indem ich daran denke, möglichst dicht an der Oberfläche zu bleiben.	Fakir-Übung!	
22. DEZEMBER	Auch beim Schmetterling an das Zweite Newton'sche Gesetz denken (die Arme eher mit dem Schwung des Körpers werfen als nach hinten drücken)		
28. JANUAR	Schwerpunkt nach vorn verschieben	An den Fosbury-Flop denken	
	Schmetterling Langstrecke: nur an die Wellenbewegung denken/Armzug auf 1/8 reduzieren, um den Schwerpunkt vor die Hände zu verschieben. Auf der Unterwasserstrecke an Abknicken des Ellenbogens denken	Wellenbewegung	
15. FEBRUAR	Kraulen: Das fehlende Glied in der Kette: Zurückziehen des Schulterblatts	Gelenkigkeits-übungen	Spüre viel Kraft/ doch Schulter brennt ein wenig, evtl. zu große Rückholphase des Arms ... gut in der Achse bleiben
	Beinschlag: daran denken, Beine nicht absinken zu lassen/Rolle des Ischias bei der Rückführung des Beins beachten		
	Arm beim Atmen mehr in Richtung Wasseroberfläche ausstrecken (Scherenschlag/Ex-Ian-Thorpe)		
31. MÄRZ	Kraulen: EVF-Training (Early Vertical Forearm): Erkennen der Bedeutung des Hüftrollens, Nutzung der Umlagerung des Körpergewichts		

NACHWORT

Schwimmen ist ein Sport, der sich permanent weiterentwickelt. Eine Entwicklung auf höchstem Niveau, denn die Trainer ersinnen ständig neue Techniken, damit ihre Schützlinge neue Rekorde aufstellen können. Parallel dazu findet auch eine Entwicklung auf Amateurebene statt, denn jeder Wassersportler kann in jeder Schwimmeinheit an seinem Schwimmstil arbeiten, an Bewegungsabläufen feilen, sein Training modifizieren und seine Ziele ändern.

Dieses Potenzial trägt in hohem Maße zur besonderen Faszination dieses Sports bei. Es verleiht ihm eine echte Sonderstellung unter den Ausdauersportarten, weil die Bedeutung der Technik ebenso groß ist wie die Entwicklungsmöglichkeiten verschiedenartig sind (man kann an dieser Stelle anstatt von Evolution getrost von einer Revolution sprechen).

Selbst die besten Schwimmer der Welt experimentieren. Ian Thorpe erklärte kurz nach seinem Rücktritt, als er nach einer Diskussion über das Schwimmen mit einem neuen Trainer ans Mikrofon trat, dass er bei Anwendung der Prinzipien dieses Trainers heute besser schwämme als je zuvor. Doch nicht nur der Champion, auch der Amateur kann in jeder Altersklasse mit bescheidenen Mitteln einen besseren Schwimmstil, bessere Schwimmzeiten und mehr Spaß im Wasser anstreben.

10 000 Mal muss eine Bewegung wiederholt werden, um sie als Automatismus ins Gehirn einzuprägen. Teilen Sie einmal diese 10 000 durch die Anzahl der Armzüge, die Sie bei jeder Trainingseinheit ausführen, und Sie bekommen eine Vorstellung davon, wie viele Einheiten nötig sind, um einen Fehler zu korrigieren und den richtigen Bewegungsablauf zu verinnerlichen ... Beharrliches Durchhaltevermögen ist sicherlich die vorrangigste Eigenschaft eines guten Schwimmers!

Das ultimative Stadium ist vielleicht die Suche nach einem Schwimmstil, der Sport und Meditation mischt, um eine Balance von Körper und Geist herbeizuführen, in einem Element, in dem wir getragen werden und das uns erlaubt, ein neues Gleichgewicht fernab aller bekannten Bezugspunkte an Land zu finden.

Schwimmer, die sich auf ein solches Vorhaben einlassen, betreten unbekanntes Gebiet und es wird ihnen viele lange Jahre des Lernens abverlangen, sich darin zurechtzufinden – um mit Baudelaire zu sprechen: „Alles dort ist Schönheit und Genuss / Ordnung, Stille, Überfluss."

Ich poche immer darauf, sich zum Nachdenken darüber zu zwingen, warum eine Bewegung besser ist als eine andere, und sich auf das Wahrnehmen der Bewegung zu konzentrieren. Fazit: Durch Beharrlichkeit wird der Schwimmer seinen eigenen Stil finden und er wird die Zeit im Wasser genießen.

Leider (oder glücklicherweise) ist Schwimmen ein Sport, der Konstanz und Durchhaltevermögen erfordert. Wie gut, dass der Spielraum für Fortschritt und Beherrschung der Technik fast grenzenlos ist!

Schlussendlich handelt es sich um einen Individualsport, bei dem jeder nach seiner Fasson schwimmen, seinen eigenen Stil ausprägen und seinen eigenen Rhythmus entwickeln kann, ohne sich von Stoppuhren beherrschen zu lassen – wenn man will, nur der Freude wegen. Und das gilt auch für jene, die ohne jede Begabung ins Wasser springen.

Gut Nass jedem Mann und jeder Frau!

GLOSSAR

- **Armzugzyklus:** eine Bewegung des linken Arms + eine Bewegung des rechten Arms

- **Beinschlag:** eine Bewegung beider Beine aus der Hüfte (ein Bein senkt sich, das andere hebt sich)

- **2er-Beinschlag:** 2 Beinschläge je Armzugzyklus, das bedeutet, dass wenn die linke Hand beginnt, auf das Wasser einzuwirken, der rechte Fuß sich senkt (und der linke sich in Richtung Wasseroberfläche hebt), und wenn die rechte Hand beginnt, auf das Wasser zu wirken, der linke Fuß sich senkt

- **4er-Beinschlag:** 4 Beinschläge je Armzugzyklus, also kommen 2 Beinschläge (links-rechts) auf eine Armbewegung

- **6er-Beinschlag:** 6 Beinschläge je Armzugzyklus, also kommen 3 Beinschläge (links-rechts-links oder rechts-links-rechts) auf eine Armbewegung

- **Catch:** Der Moment, in dem die Hand beginnt, auf das Wasser zu wirken.

- **Early catch:** Der Schwimmer wirkt besonders früh auf das Wasser ein, kaum dass die Hand ins Wasser eingetaucht ist.

- **Early Vertical Forearm** (EVF): Kraultechnik, bei der der Ellenbogen schon sehr früh gebeugt wird, direkt nach dem Ausstrecken des Arms nach vorn, um den Unterarm in senkrechte Stellung zur Schwimmrichtung zu bringen, die Hand weist dabei in Richtung des Beckenbodens.

- **Front Quadrant Swimming** (FQS): Kraulstil, bei dem einen Moment lang beide Hände unter Wasser vor dem Kopf liegen (siehe S. 69 und 87).

• **High-Elbow Catch** (HEC): „Wasserfassen mit hohem Ellenbogen", das heißt der Schwimmer muss versuchen, im Augenblick des Wasserfassens (*catch*) durch Hand und Unterarm mit erhobenem Ellenbogen zu agieren. Vorteile: Der Schwimmer kann mit der Fläche des gesamten Arms (Ober- und Unterarm) auf das Wasser einwirken. Der hohe Ellenbogen ermöglicht den effektiven Einsatz der großen, besonders leistungsstarken Rückenmuskeln beim Vortrieb.

• **Pull:** Ausdruck für die Zugphase der Unterwasserhand

• **Pyramide:** Abfolge von geschwommenen Bahnen, die erst zunimmt, dann wieder abnimmt, Beispiel: bei einer einer Gesamtstreckenlänge von 3200 m entspricht das einer Folge von 8 Stufen (im 50-m-Becken): 1+2+3+4+5+6+7+8+7+6+5+4+3+2+1 (Bahnen).

• **Reach:** Phase, wenn die Hand ins Wasser eintaucht und sich positioniert, um die Einwirkung auf das Wasser zu initiieren

• **Recovery:** Luftweg der Hand, auf dem sie nach vorn zurückkehrt

• **Übung:** Eine Übung ermöglicht es, einen Teil einer Bewegung oder eines Bewegungsablaufs zu isolieren, um ihn zu perfektionieren. Es gibt eine unüberschaubare Menge an Übungen im Kraulschwimmen. In diesem Buch werden einige elemantare Übungen aufgeführt.

TRAININGSPYRAMIDEN

Hier einige Beispiele für Pyramiden jeweils mit Angabe der insgesamt zurückgelegten Strecke.

Berechnungsformel:
Gesamtstrecke = (Stufenzahl der Pyramide)^2 × Länge einer Schwimmbahn
Beispiel: 225 m = $(3)^2$ x 25 m

STUFENZAHL	IM 25-M-BECKEN	IM 50-M-BECKEN
PYRAMIDE 3 BAHNEN =	225 m	450 m
PYRAMIDE 4 BAHNEN =	400 m	800 m
PYRAMIDE 6 BAHNEN =	900 m	1,8 km
PYRAMIDE 8 BAHNEN =	1,6 km	3,2 km
PYRAMIDE 10 BAHNEN =	2,5 km	5 km

BIBLIOGRAFIE UND WEBSITES

Literatur/Audio

Marshall Adams, „Thoughts on the Crawl Stroke“, in: *Swimming Technique Magazine*, Juli/September 2000, S. 17–23

M. Alberty (u. a.), *Analyse de la performance en crawl. Trois niveaux d'analyse*, Faculté des Sciences du Sport und de l'EP – Université de Lille 2, 2007

Loic Branda, *Nager en eau libre*, LB Prod. (DVD)

Didier Chollet, *Approche scientifique de la natation sportive: bases biomécaniques, techniques et psychophysiologiques*, Vigot 1997

Cecil M. Colwin: *Swimming into the Twenty-first Century*, Human Kinetics Publishers 1992

Yves Cordier und Max Malaurent, *Triathlon. Technique, tactique, entraînement.* Robert Laffont 1991

Joe Friel und Gordo Byrn, *Going long.* Velopress 2009

James N. Johnson (u. a.), *Swimming Biomechanics and Injury Prevention: New Stroke Techniques and Medical Considerations*, JTE Multimedia 2011

Ernest W. Maglischo, *Swimming fastest*, Human Kinetics Publishers 2003

Terry Laughlin (mit John Delves): *Total Immersion: the revolutionary Way to swim better, faster and easier*, Simon & Schuster 2004

Ian McLeod: *Natation – Anatomie und mouvements*, Vigot 2012

Dave Scott: *Dave Scott's Triathlon Training*, Touchstone 1986

Christophe Carrio: *Sculptez-vos abdos*, Thierry Souccar Editions 2010

Christophe Carrio: *Savoir s'étirer*, Thierry Souccar Editions 2010

Websites
www.futuredreams.co.nz
www.totalimmersion.net
www.swimsmooth.com
www.endurancecorner.com
www.theraceclub.net

Kontakt zu Solarberg Séhel: afbra@hotmail.com
Sein Blog: leplaisirdenager.blogspot.com